개정판

일본어 실용 문법

김 대 성

제이앤씨
Publishing Company

머리말

<일본어 실용 문법>을 낸 지 6년, 그동안 세상이 너무나도 급변했다. 유튜브에 일본어를 공부할 수 있는 엄청나게 많은 양의 학습 자료와 정보, 그리고 일본인이 한국어로 강의하는 등 정말로 유용한 자료와 정보가 수없이 많다. 내가 이 책을 낼 때만 해도 그렇게까지 많은 자료가 있지 않았고, 일본CM(TV광고)를 활용한 문법 교재는 거의 없다시피 해서 특별했고 나름 자부심이 있었다.

2023년 지금, 유튜브의 활성화와 더불어 ChatGPT까지 나옴으로 해서 또 다른 새로운 일본어 학습의 기회의 장이 넘쳐흐르게 되었다. 조만간에 또 어떠한 변화가 일어날지 앞으로 또 무엇이 등장해서 어떠한 변혁을 가져올지 무척 기대되는 한편, 일본어를 가르치고 있는 저자로서는 긴장감도 앞서면서 나 또한 ChatGPT나 그 이상을 능가하는 어떠한 방법으로 교재를 만들어야 할 시점에 온 것 같다는 생각을 한다.

그동안 이 교재를 사용하면서 미처 발견하지 못했던 오타와 미흡한 분석 등을 수정해야 할 필요성, 그리고 조금 내용을 보충해야 될 필요성을 느꼈다. 우선 이러한 점에 입각해서 개정판을 내게 되었고, 나아가서는 급변하는 시대의 흐름에 발맞추어 또 다른 새로운 교재를 준비해야겠다는 생각을 하게 되었다.

나는 여러 권에 이르는 저서를 제이앤씨에서 출판하였다. 그때마다 출판 원고가 임박함에도 불구하고 흔쾌히 받아주신 윤석현 대표님과 책의 출판을 위해 수고해주신 관계자분들께 감사의 말씀을 드린다.

2023년 8월

김대성

目次

개정판

일본어 실용 문법

제1과

皆(みな)さん　卒業(そつぎょう)しても　これだけは　忘(わす)れないで下(くだ)さい。

バイトするなら、タウンワーク。

バイトするなら、タウンワーク。

バイトするなら、タウンワーク。タウンワーク。

(まだ、ここにない、出会(であ)い。)

リクルート

새로운 단어

- □ **皆さん**　みな·さん 여러분.
- □ **卒業**　そつ·ぎょう 졸업.
- □ **し**　する 하다.
- □ **ても**　–(해)도, –(하)더라도.
- □ **これ**　이것.
- □ **だけ**　만. 만큼.
- □ **は**　–은/는.
- □ **忘れ**　忘れる わす·れる 잊어버리다.
- □ **ないで**　부정: –말고, –않고.
- □ **下さい**　下さる くだ·さる 「くれる」의 존경어:–하여 주시다.

皆さん　卒業しても　これだけは　忘れないで下さい。

バイトするなら、タウンワーク。

バイトするなら、タウンワーク。

バイトするなら、タウンワーク。タウンワーク。

(まだ、ここにない、出会い。)

リクルート

새로운 단어

☐	バイト	ばいと 아르바이트, 알바(Arbeit).
☐	する	する 하다.
☐	なら	だ -(이)다.
☐	タウンワーク	たうんわーく 타운워크(Town Work).
☐	まだ	아직.
☐	ここ	여기, 이곳.
☐	に	-에, -에게, -(이)가, -하러, -으로, -께서.
☐	ない	ない 없다.
☐	出会い	で·あ·い 만남.
☐	リクルート	りくるーと 리크루트(Recruit).

제2과

AERO(エアロ) NOAH(ノア) 格好(かっこう)いいな～。

僕(ぼく)も 格好良(かっこうよ)くなりたいな～。

じゃ ソーナルじょう。

飲(の)めばそうなるんだ。

NOBITA AERO(エアロ) DORAEMON AERO(エアロ)

俺達(おれたち) 格好良(かっこうよ)くない？

超格好(ちょうかっこう)いい。

AERO(エアロ) 超(ちょう)AERO(エアロ)

새로운 단어

□	**エアロ**	えあろ 에어로(AERO).
□	**ノア**	のあ 노아(NOAH).
□	**格好**	かっ·こう 모습. 모양. 볼품.
□	**いい**	いい 좋다.
□	**な**	감동: –구나, –군.
□	**僕**	ぼく 나.
□	**も**	도.
□	**良く**	良い よ·い 좋다.
□	**なり**	なる 되다. 변화하다.
□	**たい**	たい –하고 싶다.
□	**じゃ**	그럼. 그러면.

AERO NOAH　格好いいな~。

僕も　格好良くなりたいな~。

じゃ　ソーナルじょう。

飲めばそうなるんだ。

NOBITA AERO　DORAEMON AERO

俺達　格好良くない？

超格好いい。

AERO　超AERO

새로운 단어

□	ソーナルじょう	そーなるじょう 소오나루죠우.
□	飲め	飲む の·む 마시다. 먹다.
□	ば	−라면, −한다면.
□	そう	그렇게.
□	ん	것.
□	だ	だ −(이)다.
□	NOBITA	のびた 노비타.
□	DORAEMON	どらえもん 도라에몬.
□	俺達	おれ·たち 우리들.
□	ない	ない 부정: −지 않다.
□	超	ちょう 초. 짱. 캡. 킹. 개.

へい、 彼女(かのじょ) ドライブ 行(い)かない？

のびたさん、 また こんなの 飲(の)んで。

NOAHが 格好良(かっこうよ)くなったんで つい。

のびたさんは そのままで いいの。

ええ じゃ 元々(もともと) 格好(かっこう)いいってこと？

そんなこと 言(い)ってないけど。

NOAH AERO(エアロ) NOAH。

새로운 단어

- ☐ へい — 헤이.
- ☐ 彼女 — かの·じょ 그녀.
- ☐ ドライブ — どらいぶ 드라이브(drive).
- ☐ 行か — 行く い·く 가다.
- ☐ ない — ない 부정: –지 않다. –지 아니하다.
- ☐ のびた — 노비타.
- ☐ さん — –씨. –님.
- ☐ また — 또. 또한.
- ☐ こんな — 이런.
- ☐ の — 것.
- ☐ 飲ん — 飲む の·む 마시다. 먹다.
- ☐ で — て –고, –(하여)서; –해서.
- ☐ NOAH — ノア のあ 노아.
- ☐ が — –이/가.
- ☐ た — た –(이)었다, –(았/었)다.

へい、 彼女 ドライブ 行かない？

のびたさん、 また こんなの 飲んで。

NOAHが 格好良くなったんで つい。

のびたさんは そのままで いいの。

ええ じゃ 元々 格好いいってこと？

そんなこと 言ってないけど。

NOAH AERO NOAH。

새로운 단어

- [ ] んで　(=ので) 원인/이유: −므로, −때문에.
- [ ] つい　뜻밖에. 의외로. 돌연.
- [ ] は　−은/는.
- [ ] そのまま　그대로.
- [ ] で　−에서. −(으)로.
- [ ] の　−구나, −아/어, −니, −(이)지.
- [ ] ええ　(놀람/의문)예, 뭐라고요.
- [ ] じゃ　그럼. 그러면.
- [ ] 元々　もと·もと 원래. 본래.
- [ ] って　−(이)라고, −라고 하는; −(이)란; 인용: −는대, 반문: −했다고.
- [ ] こと　것.
- [ ] そんな　그런.
- [ ] 言っ　言う い·う 말하다.
- [ ] て　−고, −(하여)서; −해서.
- [ ] けど　(=けれど) −하지만, −하나, −하는데.

제3과

あれ？　鬼(おに)ちゃん。

あけおめっす。

何(なに)してるの？

鬼寒(おにさむ)いんで　お汁粉(しるこ)っすよ。

甘(あま)そう～。

やぁ、鬼(おに)あまっす。

새로운 단어

□	**あれ**	(감동)어. 아니.
□	**鬼**	おに 아주. 매우; 무자비한. 무서운; 도깨비.
□	**ちゃん**	(명사에 붙어) 사람을 부를 때 친근함을 나타내는 말(さん 보다 다정한 말투).
□	**あけおめ**	(明けましておめでとうございます。)새해 복 많이 받으세요.
□	**っす**	(=です: -합니다, -입니다)의 축약. -함다. -임다. -슴다.
□	**何**	なに 무엇. 뭐.
□	**し**	する 하다.
□	**て**	-고, -(하여)서; -해서.
□	**る**	いる 있다.
□	**の**	(의문, 질문)-느냐. -니; (가벼운 단정)-(해)요.

あれ？　鬼ちゃん。

あけおめっす。

何してるの？

鬼寒いんで　お汁粉っすよ。

甘そう～。

やぁ、鬼あまっす。

새로운 단어

- ☐ 鬼　おに 아주, 매우; 무자비한, 무서운; 도깨비.
- ☐ 寒い　寒い さむ·い 춥다.
- ☐ んで　(=ので) 원인/이유: −므로, −때문에.
- ☐ お　존경, 정중, 친밀함을 나타냄.
- ☐ 汁粉　しる·こ 단팥죽.
- ☐ よ　(주장, 다짐)−요; (감동, 영탄)−이야; (명령, 권유)−라구, −해요.
- ☐ 甘　甘い あま·い 달다.
- ☐ そう　そうだ 추측: −같다, −듯하다; −라고 한다.
- ☐ やぁ　야아!

鬼甘い(おにあま)　汁粉(しるこ)　もらえます。

これ　お餅(もち)　入(はい)ってない。

鬼(おに)だね。

いいいぇ～。

새로운 단어

- ☐ **あま**　あまい 달다.
- ☐ **もらえ**　もらえる 받을 수 있다.
- ☐ **ます**　ます -입니다, -합니다.
- ☐ **これ**　이것.
- ☐ **餅**　もち 떡. 찹쌀떡.
- ☐ **入っ**　入る はい·る 들어가다.

鬼甘い　汁粉　もらえます。

これ　お餅　入ってない。

鬼だね。

いいいぇ～。

새로운 단어

☐ ない	ない 부정: -지 않다.
☐ 鬼	おに 도깨비.
☐ だ	だ -(이)다.
☐ ね	(가벼운 감동)-구나. -군요; (동의 구함)-지(요); (가벼운 주장, 다짐)-데(요). -겠지.
☐ いいいぇ～	아 아니. 아~니.

제4과

いろいろ　試(ため)したけど　エステが　一番(いちばん)。

楽(らく)に　格好(かっこう)よく。

男(おとこ)の　エステ　ダンディー　ハウス。

새로운 단어

- □ いろいろ　　여러가지(로).
- □ 試し　　試す ため·す 시도하다. 시험해보다.
- □ た　　た −(이)었다, −(았/었)다.
- □ けど　　(=けれど) −하지만, −하나, −하는데.
- □ エステ　　えすて 에스테(esthétique).
- □ が　　−이/가.
- □ 一番　　いち·ばん 최고, 으뜸.

いろいろ　試したけど　エステが　一番。

楽に　格好よく。

男の　エステ　ダンディー　ハウス。

새로운 단어

- ☐ 楽に　楽だ らく·だ 편안하다. 편하다.
- ☐ 格好　かっ·こう 모습. 모양. 볼품.
- ☐ よく　よい 좋다.
- ☐ 男　おとこ 남자. 남성.
- ☐ の　–의. –의 것. –이(가).
- ☐ ダンディー　だんでぃー 멋쟁이. 댄디(Dandy).
- ☐ ハウス　はうす 하우스(House).

제5과

三日(みっか)ぶりに　出(で)る、出(で)る、出(で)る。

お届(とど)け物(もの)です。

もう　ちょっとだったのに。

便秘(べんぴ)には　ピンクの小粒(こつぶ)　コーラック。

大正製薬(たいしょうせいやく)です。

새로운 단어

☐	三日	みっ·か 삼일. 사흘.
☐	ぶり	(시간의 경과)−만임.
☐	に	−에. −에게. −(이)가. −하러. −으로. −께서.
☐	出る	出る で·る 나오다.
☐	お	존경, 정중, 친밀함을 나타냄.
☐	届け物	とど·け·もの 택배; 보내는 물건.
☐	です	です −입니다.;−입(습)니다.
☐	もう	더; 곧; 이미.
☐	ちょっと	조금.
☐	だっ	だ −(이)다.

三日ぶりに　出る、出る、出る。

お届け物です。

もう　ちょっとだったのに。

便秘には　ピンクの小粒　コーラック。

大正製薬です。

새로운 단어

☐	**た**	た −(이)었다, −(았/었)다.
☐	**のに**	(불만, 원망)−는데; (역접)−는데도.
☐	**便秘**	べん·ぴ 변비.
☐	**には**	−에는.
☐	**ピンク**	ぴんく 핑크(pink).
☐	**の**	−의. −의 것. −이(가).
☐	**小粒**	こ·つぶ 작은 알갱이. 작은 알.
☐	**コーラック**	こーらっく 코오랏쿠(Colac).
☐	**大正製薬**	たい·しょう·せい·やく 타이쇼우제약.

제6과

もしも　私が　車を　持てたら、海まで　ドライブ　行けた。

じゃ　買えば。

あばれる君を　クルマ買える君に。

その理由は　こちら。

새로운 단어

□	もしも	(もし의 강조)만일. 만약.
□	私	わたし 저. 나.
□	が	-이/가.
□	車	くるま 차.
□	を	-을. -를.
□	持て	持てる も·てる 가질 수 있다.
□	たら	た -(이)었다, -(았/었)다(발음은 持てたら이지만 일본인의 감각으로는 持ってたら로 인식된다).
□	海	うみ 바다.
□	まで	-까지.
□	ドライブ	どらいぶ 드라이브(drive).
□	行け	行ける い·ける 갈 수 있다.
□	た	た -(이)었다, -(았/었)다.
□	じゃ	그럼. 그러면.

もしも　私が　車を　持てたら、海まで　ドライブ　行けた。

じゃ　買えば。

あばれる君を　クルマ買える君に。

その理由は　こちら。

새로운 단어

- [ ] **買え** 買う か·う 사다.
- [ ] **ば** (가정)−면.
- [ ] **あばれる** 暴れる あば·れる 날뛰다. 설치다(여기서는 코미디언의 인명 あばれる君을 가리킴).
- [ ] **君** くん (동년배, 손아랫사람의 이름에 붙여 가벼운 높임)−군.
- [ ] **を** −을. −를.
- [ ] **クルマ** くるま 자동차.
- [ ] **買える** 買える か·える 살 수 있다.
- [ ] **に** −에. 에게. (이)가. −하러. −으로. −께서.
- [ ] **その** 그.
- [ ] **理由** り·ゆう 이유.
- [ ] **は** −은/는.
- [ ] **こちら** 이쪽; 이 물건, 이것; 나.

제7과

この人(ひと)　昔(むかし)は　ただの　田中(たなか)だったの。

いや。

それが　日経電子版(にっけいでんしばん)　始(はじ)めてから　ガ~って。

あ、電子版(でんしばん)ちゃん。

ああ。

お前(まえ)ら　今(いま)　始(はじ)めないと　いつ　始(はじ)めるんだ。

初割(はつわり)　実施中(じっしちゅう)　NIKKEI(日経(にっけい))電子版(でんしばん)。

새로운 단어

□	この	이.
□	人	ひと 사람.
□	昔	むかし 예전; 옛날.
□	は	−은/는.
□	ただ	보통, 예사; 그냥.
□	の	−의, −의 것, −이(가).
□	田中	た·なか 타나카.
□	だっ	だ −(이)다.
□	た	た −(이)었다, −(았/었)다.
□	の	(의문, 질문)−느냐, −니; (가벼운 단정)−(해)요.
□	いや	아니오, 아니, 아냐.
□	それ	그것.
□	が	−이/가.
□	日経	にっ·けい 닛케이.
□	電子版	でん·し·ばん 인터넷판.
□	始め	始める はじ·める 시작하다.
□	て	−고, −(하여)서; −해서.

この人　昔は　ただの　田中だったの。

いや。

それが　日経電子版　始めてから　ガ～って。

あ、電子版ちゃん。

ああ。

お前ら　今　始めないと　いつ　始めるんだ。

初割　実施中　NIKKEI(日経)電子版。

새로운 단어

- □ **から** −(하고)나서. −부터.
- □ **ガ～って** 확~하고.
- □ **あ** 아.
- □ **ちゃん** (명사에 붙어) 사람을 부를 때 친근함을 나타내는 말(さん 보다 다정한 말투).
- □ **ああ** 아아.
- □ **お前** お·まえ (동등, 손아랫사람에게)너. 자네.
- □ **ら** (복수)들.
- □ **今** いま 지금.
- □ **ない** ない 부정: −지 않다. −지 아니하다.
- □ **と** −(하)면.
- □ **いつ** 언제.
- □ **ん** 것. 거.
- □ **だ** だ −(이)다.
- □ **初割** はつ·わり 첫 할인. 첫 디스카운트.
- □ **実施** じっ·し 실시.
- □ **中** ちゅう −중.
- □ **NIKKEI(日経)** 닛케이.

제8과

とっとりなしおは　プライドなしを。

とっとりなしおは　ジェラシーなしを。

だから　なしおは　ストレスなしを。

何(なん)にもなしで　良(い)いんです。

ナシのままで、生(い)きてゆく。

(とっとりなしお　by terrafirma。)

새로운 단어

- ☐ とっとりなしお　돗토리나시오.(돗토리현은 배로 유명하다)
- ☐ は　-은/는.
- ☐ プライド　ぷらいど 프라이드(pride).
- ☐ なし　없음; 배.
- ☐ を　-을. -를.
- ☐ ジェラシー　じぇらしー 질투. 젤러시(jealousy).
- ☐ だから　그래서. 그러니까.
- ☐ なしお　나시오.
- ☐ ストレス　すとれす 스트레스(stress).
- ☐ 何にも　なん·にも 아무것도. 조금도.
- ☐ で　-에서; -(으)로; -때문에.

とっとりなしおは　プライドなしを。

とっとりなしおは　ジェラシーなしを。

だから　なしおは　ストレスなしを。

何にもなしで　良いんです。

ナシのままで、生きてゆく。

(とっとりなしお　by terrafirma。)

새로운 단어

- ☐ 良い　良い い·い 좋다.
- ☐ ん　것. 거.
- ☐ です　です -입니다.;-입(습)니다.
- ☐ ナシ　なし 없음; 배.
- ☐ の　-의. -의 것. -이(가).
- ☐ まま　-채; -대로.
- ☐ で　-에서; -(으)로; -때문에.
- ☐ 生き　生きる い·きる 살다.
- ☐ て　-고, -(하여)서; -해서.
- ☐ ゆく　ゆく -해 가다.

제9과

はい、これ。

ダルマ？

今年(ことし)も　良(い)いこと　ありますようにって。

セーラームーン。

あなた。

うん、セーラームーン。

まだ　言(い)ってるの？

何(なん)だ　夢(ゆめ)か？

お、あれ　セーラームーンの店(みせ)で　もらったぞ。

새로운 단어

☐	**はい**	자; 네. 예.
☐	**これ**	이것.
☐	**ダルマ**	だるま 오뚝이. 다루마.
☐	**今年**	ことし 올해. 금년.
☐	**も**	–도; –나; –조차.
☐	**良い**	良い い·い 좋다.
☐	**こと**	것.
☐	**あり**	ある 있다.
☐	**ます**	ます –입니다, –합니다.
☐	**ように**	ようだ (「ように」로) –하도록, –하기를.
☐	**って**	–(이)라고, –라고 하는; –(이)란; 인용: –는대, 반문: –했다고.
☐	**セーラームーン**	せーらーむーん 세일러문(Sailor Moon).
☐	**あなた**	(자기와 대등 또는 아랫사람에게)당신.
☐	**うん**	응.
☐	**まだ**	아직.
☐	**言っ**	言う い·う 말하다.

はい、これ。

ダルマ？

今年も　良いこと　ありますようにって。

セーラームーン。

あなた。

うん、セーラームーン。

まだ　言ってるの？

何だ　夢か？

お、あれ　セーラームーンの店で　もらったぞ。

새로운 단어

- □ て　－고, －(하여)서; －해서.
- □ る　いる 있다.
- □ の　(의문, 질문)－느냐. －니; (가벼운 단정)－(해)요.
- □ 何　なん 무엇. 뭐.
- □ だ　だ －(이)다.
- □ 夢　ゆめ 꿈.
- □ か　－인가. －하는가. －입니까.
- □ お　어.
- □ あれ　저것. 그것.
- □ の　－의. －의 것. －이(가).
- □ 店　みせ 가게. 상점. 점포. 샵.
- □ で　－에서; －(으)로; －때문에.
- □ もらっ　もらう 받다.
- □ た　た －(이)었다, －(았/었)다.
- □ ぞ　(강조, 다짐)－테다. －구나.

ソフトバンクのお店(みせ)で　もらったの。

いや、セーラームーンの。

そんな人(ひと)　いません。

いや、セーラームーンの。

はい、はい、セーラームーンね？

いるよね。

いる、いる、セーラームーン。

馬鹿(ばか)にしてるだろう。

お店(みせ)で　新春(しんしゅん)グッズ　当(あた)る！

ソフトバンク。

새로운 단어

□	ソフトバンク	そふとばんく 소프트뱅크(Soft Bank).
□	お	존경, 정중, 친밀함을 나타냄.
□	いや	아니오. 아니. 아냐.
□	そんな	그런.
□	人	ひと 사람.
□	い	いる 있다.
□	ませ	ます −입니다, −합니다.
□	ん	ぬ 부정(=ない): −지 않다. −지 아니하다.
□	ね	−말이야.
□	いる	いる 있다.

ソフトバンクのお店で　もらったの。

いや、セーラームーンの。

そんな人　いません。

いや、セーラームーンの。

はい、はい、セーラームーンね？

いるよね。

いる、いる、セーラームーン。

馬鹿にしてるだろう。

お店で　新春グッズ　当る！

ソフトバンク。

새로운 단어

□	よ	(주장, 다짐)-요; (감동, 영탄)-이야; (명령, 권유)-라구, -해요.
□	ね	(가벼운 감동)-구나. -군요; (동의 구함)-지(요); (가벼운 주장, 다짐)-데(요). -겠지.
□	馬鹿	ば·か 바보.
□	に	-에. -에게. -(이)가. -하러. -으로. -께서.
□	し	する 하다.
□	だろ	だ -(이)다.
□	う	う 의지:-겠다; 권유:-하자; 추측:-ㄹ것이다, -겠지.
□	新春	しん·しゅん 신춘. 새봄.
□	グッズ	ぐっず 상품(goods).
□	当る	当る あた·る 당첨되다.

제10과

放送席(ほうそうせき)　放送席(ほうそうせき)　勝(か)ちました。

琴奨(ことしょう)ギガ関(せき)です。

琴奨(ことしょう)ギガ？

琴奨菊(ことしょうぎく)じゃなかったのか？

おめでとうございます。

サンキューです。

声(こえ)までギガに。

イエス、イエス。

새로운 단어

☐	**放送席**	ほう·そう·せき 방송석.
☐	**勝ち**	勝つ か·つ 이기다.
☐	**まし**	ます –입니다, –합니다.
☐	**た**	た –(이)었다, –(았/었)다.
☐	**琴奨ギガ**	こと·しょう·ぎが 코토쇼우기가.
☐	**関**	せき (=せきとり)최상위 스모 선수. (접미어적)스모 선수 이름 뒤에 붙이는 경칭.
☐	**です**	です –입니다.;–입(습)니다.
☐	**琴奨菊**	こと·しょう·ぎく 코토쇼우기쿠(일본인으로 10년 만에 우승한 선수임).
☐	**じゃない**	–이/가 아니다. –이/가 아니잖아; –지 않다.

放送席　放送席　勝ちました。

琴奨ギガ関です。

琴奨ギガ？

琴奨菊じゃなかったのか？

おめでとうございます。

サンキューです。

声までギガに。

イエス、イエス。

새로운 단어

- □ た　　た -(이)었다. -(았/었)다.
- □ のか　　-인지. -인가. -인 것인가. -거야.
- □ おめでとうございます　　축하합니다.
- □ サンキュー　　さんきゅうー 땡큐(thank you).
- □ です　　です -입니다.;-입(습)니다.
- □ 声　　こえ 목소리; 소리.
- □ まで　　-까지.
- □ ギガ　　기가(giga).
- □ に　　-에. -에게. -(이)가. -하러. -으로. -께서.
- □ イエス　　いぇす 예스(yes).

皆(みんな)　ギガ大好(だいす)きね。

声(こえ)が変(か)わられました？

元々(もともと)だよ。

可愛(かわい)い～。

飼(か)いたい、琴奨(ことしょう)ギガ。

飼(か)えないよ、こんなデカイの。

体重(たいじゅう)は？

200ギガです。

何(なん)だ、それ。

새로운 단어

- ☐ **皆**　みな 모두.
- ☐ **大好き**　大好きだ だい·す·きだ아주 좋아하다. 아주 좋다.
- ☐ **ね**　(가벼운 감동)－구나. －군요; (동의 구함)－지(요); (가벼운 주장, 다짐)－데(요). －겠지.
- ☐ **が**　－이/가.
- ☐ **変わ**　変わる か·わる 바뀌다.
- ☐ **られ**　られる (피동, 가능, 존경, 자발)－되다,－당하다; －할 수 있다; 하시다; (저절로)－하다, －되다.
- ☐ **元々**　もと·もと 원래. 본디. 변함 없음.
- ☐ **だ**　だ －(이)다.
- ☐ **よ**　(주장, 다짐)－요; (감동, 영탄)－이야; (명령, 권유)－라구, －해요.
- ☐ **可愛い**　可愛い か·わい·い 귀엽다.

皆　ギガ大好きね。

声が変わられました？

元々だよ。

可愛い～。

飼いたい、琴奨ギガ。

飼えないよ、こんなデカイの。

体重は？

200ギガです。

何だ、それ。

새로운 단어

- ☐ **飼い** 飼う か·う 기르다.
- ☐ **たい** たい −하고 싶다.
- ☐ **飼え** 飼える か·える 기를 수 있다.
- ☐ **こんな** 이런.
- ☐ **デカイ** デカイ 크다.
- ☐ **の** 것.
- ☐ **体重** たい·じゅう 체중.
- ☐ **は** −은/는.
- ☐ **200** に·ひゃく.
- ☐ **何** なに 무엇. 뭐.
- ☐ **それ** 그것.

200ギガパワー。

いいね、いいね。

ファンの皆(みな)さんに　一言(ひとこと)。

よろピクピク。

ピクピクピク。

ピクピクピクピク　ウップス。

待(ま)ったなし。

ギガ学割(がくわり)で　200ギガ　締(し)め切(き)り　迫(せま)る。

새로운 단어

□	パワー	ぱわー 파워.
□	いい	いい 좋다.
□	ね	(가벼운 감동)−구나. −군요; (동의 구함)−지(요); (가벼운 주장, 다짐)−데(요). −겠지.
□	ファン	ふぁん 팬(fan).
□	の	−의. −의 것. −이(가).
□	皆さん	みな·さん 여러분.
□	に	−에. −에게. −(이)가. −하러. −으로. −께서.
□	一言	ひと·こと 한마디.

200ギガパワー。

いいね、いいね。

ファンの皆さんに　一言。

よろピクピク。

ピクピクピク。

ピクピクピクピク　ウップス。

待ったなし。

ギガ学割で　200ギガ　締め切り　迫る。

새로운 단어

- ☐ **よろピクピク** よろしく(잘 부탁해요. 잘 부탁합니다)를 나타냄.
- ☐ **ピクピクピク** 피쿠 피쿠 피쿠.
- ☐ **ピクピクピクピク** 피쿠 피쿠 피쿠 피쿠.
- ☐ **ウップス** うっぷす 웁스(woops).
- ☐ **待ったなし** ま·ったなし 타임 없음. 그쳐 없음.
- ☐ **学割** がく·わり 학생할인.
- ☐ **で** −에서; −(으)로; −때문에.
- ☐ **締め切り** し·め·き·り 마감.
- ☐ **迫る** 迫る せま·る 임박하다.

〈문 법 정 리 편 1〉

제1장(제1과–제10과)

1.1 형용사(I)(形容詞 けいようし:イ형용사)

- 형용사는 사물의 성질이나 상태를 나타낸다.
  1) 활용한다.
  2) 자립어로 단독으로 술어가 될 수 있다.
  3) 기본형은 「～い」로 끝난다.

1	(まだ、ここにない、出会い。)	ない
2	AERO NOAH　格好いいな～。	いい
2	僕も　格好良くなりたいな～。	よい
2	俺達　格好良くない？	よい
2	俺達　格好良くない？	ない
2	超格好いい。	いい
2	NOAHが　格好良くなったんで　つい。	良い
2	のびたさんは　そのままで　いいの。	いい
2	ええ　じゃ　元々　格好いいってこと？	いい
2	そんなこと　言ってないけど。	ない
3	鬼　寒いんで　　お汁粉っすよ。	寒い
3	甘そう～。	甘い
3	やぁ、鬼あまっす。	あまい
3	鬼甘い　汁粉　もらえます。	甘い
3	これ　お餅　入ってない。	ない
4	楽に　格好よく。	よい

8	何にもなしで　良いんです。	いい
9	今年も　良いこと　ありますようにって。	いい
10	可愛い～。	可愛い
10	飼えないよ　こんなデカイの	デカイ
10	いいね、いいね。	いい

• **뒤에 오는 명사를 수식할 때는 기본형과 동일하게 아무 변화가 없다.**

3	鬼甘い　汁粉　もらえます。	甘い
9	今年も　良いこと　ありますようにって。	いい
10	飼えないよ、こんなデカイの	デカイ

• **부정표현과 보조형용사**

형용사의 부정표현, 즉 우리말의 「～지 않다」를 나타내는 방법은 형용사의 어미 い를 く로 바꾸고 ない를 연결한다. ない는 「없다」를 나타내는 형용사이나, 본래의 의미인 「없다」의 뜻이 아니라 「～지 않다」의 뜻으로 부정표현에 사용되면 보조형용사라고 한다.

2	俺達　格好良くない？	ない

주의

いい는 いくない라고 하지 않는다. 같은 의미의 형용사 よい를 사용하여 よくない라고 한다.

• **형용사의 부사화(～<하>게)**

형용사를 부사화하는 방법은 부정표현과 마찬가지로 어미 い를 く로 바꾸면 된다.

4	楽に　格好よく。	よい

1.2 격조사(格助詞 かくじょし) が「～이·～가」

• 주어를 나타낸다. 우리말의 「～이·～가」에 해당한다.

2 NOAHが 格好良くなったんで つい。
4 いろいろ 試したけど エステが 一番。
6 もしも 私が 車を 持てたら、海まで ドライブ 行けた。
7 それが 日経電子版 始めてから ガ～って。
10 声が変わられました？

• 술어의 대상어를 나타낸다.

海より山が好きだ。
彼はピアノが上手だ。
お金が欲しい。
その人に合った借り方や返し方が相談できる。
(가능동사와 함께 쓰여 가능동사의 대상어가 된다.)

1.3 부조사(副助詞 ふくじょし) は「～은·～는」

• 일반적으로 우리말의 「～은, ～는」에 해당하며 대비와 주제 등을 나타낸다.

1 皆さん 卒業しても これだけは 忘れないで下さい。 (강조)
2 AERO NOAH 格好いいな～。 (대비)
2 のびたさんは そのままで いいの。 (강조)
6 その理由は こちら。 (주제)
7 この人 昔は ただの 田中だったの。 (강조)

8　とっとりなしおは　プライドなしを。　(주제)

8　とっとりなしおは　ジェラシーなしを。　(주제)

8　だから　なしおは　ストレスなしを。　(주제)

10　体重は？　(주제)

月は地球の衛星である。　(주제)

彼は酒は飲むが、たばこは吸わない。　(대비)

努力するにはしたがだめだった。　(강조)

何でもしますがそれはだめです。　(강조)

私は行かない。　(강조)

東京はどちらのお生まれですか。　(장소)

1.4 종조사(終助詞 しゅうじょし) よ「~요·~해요」

- 강조·감동·권유·알림 그리고 다짐의 뜻을 나타낸다.

3　鬼　寒いんで　お汁粉っすよ。　(알림)

9　いるよね。　(알림)

10　元々だよ。　(알림)

10　飼えないよ、こんなデカイの。　(강조)

もう帰る時間だよ。　(알림)

おれも行きたいよ。　(강조)

さっさとしろよ。　(강조)

飛ぶよ。かもめが　(감동)

行こうよ。　(권유)

1.5 단정(정중 丁寧な断定 ていねいなだんてい)의 조동사(助動詞 じょどうし) です「~(ㅂ)니다」(Ⅰ)

5 お届け物です。

5 大正製薬です。

8 何にもなしで 良いんです。

10 琴奨ギガ関です。

10 サンキューです。

10 200ギガです。

1.6 과거(過去 かこ)·완료(完了 かんりょう)의 조동사 た(Ⅰ)「~었(았)다」

- た는 과거·완료 또는 존속이나 확인을 나타낸다. 일반적으로 과거는 어떤 사실이 과거에 있었음을 나타내며, 완료는 동작 또는 사건이 완전히 끝나서 사실화된 것을 나타낸다. 완료는 과거나 미래와는 관계가 없다. 존속은 동작, 상태 또는 그 결과가 계속해서 존속하고 있음을 나타낸다.

과거

2 NOAHが 格好良くなったんで つい。

4 いろいろ 試したけど エステが 一番。

5 もう ちょっとだったのに。

6 もしも 私が 車を 持てたら、海まで ドライブ 行けた。

7 この人 昔は ただの 田中だったの。

9 お、あれ セーラームーンの店で もらったぞ。

9 ソフトバンクのお店で もらったの。

10 放送席 放送席 勝ちました。

昨日は２１時に寝た。

きのう、お寿司を食べた。

완료

10　声が変わられました？

ちょうど勉強が終わった。

いまこの本を読み終えた。

ご飯を食べたら、お風呂に入りなさい。

ドアを開けたら、犬が飛び乗ってきた。

존속(=～ている·～てある:～아(어) 있는)

壁にかけた絵。

弟の写した写真。

とがった鉛筆。

海底に沈んだ船。

破れた布を捨てる。(「破れた布」→「汚れている布」)

絵に描いたもちですね。(「絵に描いたもち」→「絵に描いてあるもち」)

これと似た色の服を探しています。

확인

10　琴奨菊じゃなかったのか？

あの人は誰だったか。

地球は、青かった。

たの 가정형 たら(～었(았)다면, ～다면)

6　もしも　私が　車を　持てたら、海まで　ドライブ　行けた。

제11과

一生(いっしょう)のお願(ねが)いです。

グルメの玉子(たまご)　きよらで　作(つく)った　お布団(ふとん)を　私(わたし)にかけてください。

苦(くる)しい。

グルメの玉子(たまご)　きよら。

いただきます。

새로운 단어

- □ 一生　いっ·しょう 일생. 평생.
- □ の　-의. -의 것. -이(가).
- □ お　존경, 정중, 친밀함을 나타냄.
- □ 願い　ねが·い 바램. 소원.
- □ です　です -입니다.;-입(습)니다.
- □ グルメ　ぐるめ 미식가. 식도락가. 구르메(프랑스어 gourmet).
- □ 玉子　たま·ご 계란. 달걀.
- □ きよら　키요라.
- □ で　-에서; -(으)로; -때문에.
- □ 作っ　作る つく·る 만들다.
- □ た　た -(이)었다, -(았/었)다.

一生のお願いです。

グルメの玉子　きよらで　作った　お布団を　私にかけてください。

苦しい。

グルメの玉子　きよら。

いただきます。

새로운 단어

- ☐ **布団** ふ·とん 이불.
- ☐ **を** −을. −를.
- ☐ **私** わたし 저. 나.
- ☐ **に** −에. −에게. −(이)가. −하러. −으로. −께서.
- ☐ **かけ** かける 덮다. 씌우다.
- ☐ **て** −고, −(하여)서; −해서.
- ☐ **ください** くださる 주시다.
- ☐ **苦しい** 苦しい くる·しい 괴롭다.
- ☐ **いただき** いただく 들다.
- ☐ **ます** ます −입니다, −합니다.

제12과

はぐれちゃったな。

あ、いた。

探(さが)したよ、ドラえもん。

誰(だれ)が　ドラえもんよ。

軽自動車(けいじどうしゃ)　探(さが)しているんだけど、見(み)つからなくて　出(だ)してよ　ドラえもん。

ドラえもんじゃないから。

あれ　何(なん)で　コンパニオンの格好(かっこう)しているの　ドラえもん。

새로운 단어

☐	はぐれ	はぐれる (일행에서)놓치다.
☐	ちゃっ	ちゃう (-てしまう의 줄임)-(아/어) 버리다.
☐	た	た -(이)었다, -(았/었)다.
☐	な	(감동)-구나, -군.
☐	あ	아.
☐	い	いる 있다.
☐	探し	探す さが·す 찾다.
☐	よ	(주장, 다짐)-요; (감동, 영탄)-이야; (명령, 권유)-라구, -해요.
☐	ドラえもん	どらえもん 도라에몬.
☐	誰	だれ 누구.
☐	が	-이/가.
☐	軽	けい 경-, 가벼움-.
☐	自動車	じ·どう·しゃ자동차.
☐	て	-고, -(하여)서; -해서.
☐	いる	いる 있다.
☐	ん	것, 거.

はぐれちゃったな。

あ、いた。

探したよ、ドラえもん。

誰が　ドラえもんよ。

軽自動車　探しているんだけど、見つからなくて　出してよ　ドラえもん。

ドラえもんじゃないから。

あれ　何で　コンパニオンの格好しているの　ドラえもん。

새로운 단어

- □ だ　だ -(이)다.
- □ けど　(=けれど) -하지만, -하나, -하는데.
- □ 見つから　見つかる み·つかる 발견되다.
- □ なく　ない 부정: -지 않다. -지 아니하다.
- □ 出し　出す だ·す 내놓다. 꺼내다. 출시하다.
- □ てよ　(가벼운 명령. 요구)-해 주세요.
- □ じゃない　-이/가 아니다. -이/가 아니잖아; -지 않다.
- □ から　때문에.
- □ あれ　(감동)어. 아니.
- □ 何で　なん·で 왜. 어째서.
- □ コンパニオン　행사안내원. (여기서는) 모터쇼 모델(companion).
- □ の　-의. -의 것. -이(가).
- □ 格好　かっ·こう 모습. 모양. 볼품.
- □ し　する 하다.
- □ の　(의문, 질문)-느냐. -니; (가벼운 단정)-(해)요.

だから　ドラえもんじゃないって言(ゆ)ってるんでしょう。

ああ、出(だ)してくれたんだ　ドラえもん。

軽(けい)じゃないけど　トヨタのK。

ドラえもんじゃない？

本当(ほんとう)だ。

ドラえもんでしょう？

あ　ドラえもんだよ。

軽(けい)じゃない　K　PASSO。

ドラえもん　笑顔(えがお)で。

새로운 단어

□	だから	그래서. 그러니까.
□	って	-(이)라고, -라고 하는; -(이)란; 인용: -는대, 반문: -했다고.
□	言っ	言う い·う 말하다.
□	る	いる 있다.
□	でしょ	です -입니다.;-입(습)니다.
□	う	う 의지:-겠다; 권유:-하자; 추측:-ㄹ것이다, -겠지.
□	ああ	아아.

だから　ドラえもんじゃないって言ってるんでしょう。

ああ、出してくれたんだ　ドラえもん。

軽じゃないけど　トヨタのK。

ドラえもんじゃない？

本当だ。

ドラえもんでしょう？

あ　ドラえもんだよ。

軽じゃない　K　PASSO。

ドラえもん　笑顔で。

새로운 단어

- ☐ くれ　　くれる -해 주다.
- ☐ トヨタ　　とよた 토요타.
- ☐ K　　けー.
- ☐ 本当だ　　本当だ ほん·とう·だ 정말이다.
- ☐ PASSO　　パッソ ぱっそ.
- ☐ 笑顔　　え·がお 웃는 얼굴.
- ☐ で　　-에서; -(으)로; - 때문에.

제13과

だるい。

鉄分(てつぶん) 足(た)りてる？。

グミ？

サプリ。

グミサプリ。

サプリなのさ　グミサプリ　グミのサプリ　グミサプリ、

本気(ほんき)なのさ　グミサプリ　続(つづ)けるひとの　グミサプリ。

새로운 단어

☐	**だるい**	だるい 나른하다.
☐	**鉄分**	てつ·ぶん 철분.
☐	**足り**	足りる た·りる 족하다. 충분하다.
☐	**て**	−고, −(하여)서; −해서.
☐	**る**	いる 있다.
☐	**グミ**	ぐみ 구미(독일어 고무의 뜻 gummi).
☐	**サプリ**	さぷり 서플리먼트. 영양제(supplements).
☐	**グミサプリ**	ぐみさぷり 구미 서플리먼트.

だるい。

鉄分　足りてる？。

グミ？

サプリ。

グミサプリ。

サプリなのさ　グミサプリ　グミのサプリ　グミサプリ、

本気なのさ　グミサプリ　続けるひとの　グミサプリ。

새로운 단어

- □ な　だ -(이)다.
- □ の　것.
- □ さ　(가볍게 긍정)-(이)야.
- □ の　-의. -의 것. -이(가).
- □ 本気　ほん·き 진심. 진실.
- □ 続ける　続ける つづ·ける 계속하다.
- □ ひと　사람.

제14과

足(あし)のむくみに　飲(の)む　むくみ取(と)り　ムクトレール。

こりゃ　勝手(かって)に　トレール　飲(の)むな。

誰(だれ)　あんた？

むくみの擬人化(ぎじんか)よ。

分(わ)かりやすいでしょう。

飲(の)ませて。

飲(の)まないで。

飲(の)ませて。

飲(の)むな

ムクトレール、検索(けんさく)。

새로운 단어

□	足	あし 다리.
□	の	−의. −의 것. −이(가).
□	むくみ	부종; 붓기.
□	に	−에. −에게. −(이)가. −하러. −으로. −께서.
□	飲む	飲む の·む 마시다. 먹다.
□	取り	と·り 없앰. 제거.
□	ムクトレール	むくとれーる 무쿠토레에루.
□	こりゃ	이봐; 이거, 이것은.
□	勝手に	勝手だ かっ·て·だ 마음대로다. 제멋대로다.
□	トレール	とれーる 토레에루.
□	な	(금지)−마라.
□	誰	だれ 누구.

足のむくみに　飲む　むくみ取り　ムクトレール。

こりゃ　勝手に　トレール　飲むな。

誰　あんた？

むくみの擬人化よ。

分かりやすいでしょう。

飲ませて。

飲まないで。

飲ませて。

飲むな

ムクトレール、検索。

새로운 단어

- □ **あんた** (=あなた, 자기와 대등 또는 아랫사람에게, 친근감)당신.
- □ **擬人化** ぎ·じん·か 의인화.
- □ **よ** (주장, 다짐)−요; (감동, 영탄)−이야; (명령, 권유)−라구, −해요.
- □ **分かり** 分かる わ·かる 알다. 이해하다.
- □ **やすい** やすい −하기 쉽다.
- □ **でしょ** です −입니다.;−입(습)니다.
- □ **う** う 의지:−겠다; 권유:−하자; 추측:−ㄹ것이다, −겠지.
- □ **せ** せる 사역: −시키다, −하게 하다.
- □ **て** (가벼운 명령)−해.
- □ **ないで** (부정)−말고, −않고
- □ **検索** けん·さく 검색.

제15과

また　一つ　財宝を　手に入れた、

当たり前の　幸せを　犠牲にして。

でも、ふと　考えてしまう。

駄目だ。ダメだ～。

本当に　これでよかったのか。

プレイステーション。

새로운 단어

□	また	또. 또한.
□	一つ	ひと·つ 하나; 한 개.
□	財宝	ざい·ほう 재보. 재산과 보물.
□	を	–을. –를.
□	手	て 손.
□	に	–에. –에게. –(이)가. –하러. –으로. –께서.
□	入れ	入れる い·れる 넣다.
□	た	た –(이)었다. –(았/었)다.
□	当たり前	あ·たり·まえ 당연함.
□	の	–의. –의 것. –이(가).
□	幸せ	しあわ·せ 행복.
□	犠牲	ぎ·せい 희생.
□	に	–에. –에게. –(이)가. –하러. –으로. –께서.
□	し	する 하다.

また　一つ　財宝を　手に入れた、

当たり前の　幸せを　犠牲にして。

でも、ふと　考えてしまう。

駄目だ。ダメだ～。

本当に　これでよかったのか。

プレイステーション。

새로운 단어

□	て	-고, -(하여)서; -해서.
□	でも	그러나. 그렇지만.
□	ふと	문득. 갑자기.
□	考え	考える かんが·える 생각하다.
□	しまう	しまう -해 버리다.
□	駄目だ	駄目だ だ·め·だ 불가능하다; 소용없다.
□	ダメだ	ダメだ　불가능하다; 소용없다.
□	本当に	ほん·とう·に 정말. 진짜. 정말로.
□	これ	이것.
□	で	-에서; -(으)로; -때문에.
□	よかっ	よい 좋다.
□	のか	-인지. -인가. -인 것인가. -거야.
□	プレイステーション	ぷれいすてーしょん 플레이스테이션(PlayStation).

〈문 법 정 리 편 2〉

제2장(제1과-제15과)

2.1 연체사(連体詞 れんたいし)

- 연체(連体)란 체언에 연결된다는 뜻으로 연체사 즉 체언을 꾸미는 말이라는 뜻이다. 우리말의 관형사 예를 들면, 「그(사람)/저(아이)/순(거짓말)/한(마을에)」 등과 같이 항상 체언 앞에 쓰이는 말과 같다.
  1) 활용이 없다.
  2) 자립어로서 주어나 술어가 되지 못 한다.
  3) 연체수식어(連体修飾語)이다.

2	のびたさん、 また こんなの 飲んで。	こんな
2	そんなこと 言ってないけど。	そんな
6	その理由は こちら。	その
7	この人 昔は ただの 田中だったの。	この
9	そんな人 いません。	そんな
10	飼えないよ、こんなデカイの	こんな

- **연체사의 종류**

この(이) その(그) あの(저) どの(어느)

こんな(이런) そんな(그런) あんな(저런) どんな(어떤)

こういう(이와 같은) そういう(그와 같은) ああいう(저와 같은) どういう(어떠한)

大きな(큰) 小さな(작은) おかしな(우스운)

くだんの(전술한) 例の(예의, 그, 저) ほんの(명색뿐인, 정말인)

わが(우리)

ある(어느, 어떤)　来たる(오는)　さる(지난)　あくる(그 다음의)　あらゆる(모든)

いかなる(어떠한)　いわゆる(이른바, 소위)　思わざる(뜻하지 않은)

たいした(대단한)　とんだ(엉뚱한)

2.2 격조사 の·で·に·へ

(1) の「~의·~의 것·~것·~이(가)」

- 단어(체언 또는 체언 상당 어구)와 단어 사이에 쓰여 앞 단어가 뒤 단어를 수식 한정하는 역할을 한다.「の」앞뒤의 단어 의미에 따라 해석이 달라진다.

1) 소속·소유·존재하는 장소·성질의 상태·재료·목적·관계·동격·대상 등을 나타낸다.

4　男の　エステ　ダンディー　ハウス。　(목적:~のための)

5　便秘には　ピンクの小粒　コーラック。　(성질의 상태:~である)

7　この人　昔は　ただの　田中だったの。　(성질의 상태:~である)

8　ナシのままで、生きてゆく。　(성질의 상태:~である)

9　お、あれ　セーラームーンの店で　もらったぞ。
(동격:~である·~という)

9　ソフトバンクのお店で　もらったの。　(동격:~である·~という)

9　いや、セーラームーンの。　(동격:~である·~という)

9　いや、セーラームーンの。　(동격:~である·~という)

10　ファンの皆さんに　一言。　(동격:~である·~という)

11　一生のお願いです。　(정도:ほど)

11　グルメの玉子　きよらで　作った　お布団を　私にかけてください。
(소속:~に属する)

11 グルメの玉子　きよら。　(소속:~に属する)

12 あれ　何で　コンパニオンの格好しているの　ドラえもん。
(동격:~である·~という)

12 軽じゃないけど　トヨタのK。　(소속:~に属する)

13 サプリなのさ　グミサプリ　グミのサプリ　グミサプリ、
(재료:~でできている)

13 本気なのさ　グミサプリ　続けるひとの　グミサプリ。
(목적:~のための)

14 足のむくみに　飲む　むくみ取り　ムクトレール。(장소:~にある)

14 むくみの擬人化よ。　(대상:対象)

15 当たり前の　幸せを　犠牲にして。　(성질의 상태:~である)

京都の友達。庭の桜。海辺のホテル。　(장소)

2) 그 밖에 の는 행위자(~による)를 내타내기도 한다. 또한 주어 어절(일본어에서는 문절<文節>이라고 함)에 쓰여 が에 해당하는 의미를 나타내거나「~のもの·~のこと」의 의미로 체언과 동일한 자격을 나타내며, 또한 병립의 뜻으로 쓰인다.

ヘミングウェイの小説。　(~による)

セザンヌの絵。　(~による)

私の選んだ本。　(が)

広場には若いのも年とったのもいた。　(人)

チューリップは赤いのもあれば黄色いのもあった。　(もの)

そうするのは考えものだ。　(こと)

行くの行かないのと騒いでいる。　(병립)

2　AERO NOAH　格好いいな～。　(のもの)

2　飲めばそうなるんだ。　(こと)

2　のびたさん、　また　こんなの　飲んで。　(もの)

7　お前ら　今　始めないと　いつ　始めるんだ。　(こと)

8　何にもなしで　良いんです。　(こと)

10　飼えないよ、こんなデカイの。　(もの)

12　軽自動車　探しているんだけど、見つからなくて　出してよ
ドラえもん。　(こと)

12　だから　ドラえもんじゃないって言ってるんでしょう。　(こと)

12　ああ、出してくれたんだ　ドラえもん。　(こと)

13　サプリなのさ　グミサプリ　グミのサプリ　グミサプリ、　(こと)

13　本気なのさ　グミサプリ　続けるひとの　グミサプリ。　(こと)

(2) で「～에서·～(으)로·～때문에」

1) 동작·작용이 행해지는 장소·시간을 나타낸다.

2) 수단·방법·도구·재료를 나타낸다.

3) 원인·이유를 나타낸다.

4) 사정·상황을 나타낸다.

5) 주어 어절을 만든다.

2　のびたさんは　そのままで　いいの。　(사정·상황)

8　何にもなしで　良いんです。　(사정·상황)

8　ナシのままで、生きてゆく。　(사정·상황)

9　お、あれ　セーラームーンの店で　もらったぞ。　(장소)

9　ソフトバンクのお店で　もらったの。　(장소)

9　お店で　新春グッズ　当る！　(장소)

10	ギガ学割で　200ギガ　締め切り　迫る。	(방법)
11	グルメの玉子　きよらで　作った　お布団を 私にかけてください。	(재료)
12	ドラえもん　笑顔で。	(사정·상황)
15	本当に　これでよかったのか。	(방법)

スーパーで買った牛肉。	(장소)
東京駅で彼に会った。	(장소)
二日でその仕事を終えた。	(시간)
少年は7月2日で15歳になる。	(시간)
スプーンでスープをかきまぜる。	(수단·도구)
ペンで書く。	(수단·도구)
英語で話す。	(수단·도구)
辞書でその語を調べなさい。	(수단·도구)
彼女は歌で生計をたてている。	(수단·도구)
木で作った箱。	(재료)
ミルクでチーズを作る。	(재료)
寝不足で気分が悪かった。	(원인·이유)
泥で汚れた靴。	(원인·이유)
病気で行かれない。	(원인·이유)
警察で原因を調べている。	(주어 어절)

5) 그밖에 사람의 수·기준·수량을 나타내거나 시간의 한도·기한을 나타낸다.

この国ではバターはポンドで売られる。	(기준)
人を外見で判断してはいけない。	(기준)

話し方でだれだか分かった。 (기준)

りんごは5個で400円だった。 (수량)

明日で願書受付は締切りになる。 (한도·기한)

(3) に「~에·~(이)가·~하러·~으로·~께서」

1) 장소나 시간을 나타낸다.

2) 동작의 도달점이나 사물의 귀착점을 나타낸다.

3) 동작이나 작용(변화)의 결과를 나타낸다.

4) 동작의 목적을 나타낸다.

5) 비교의 기준이나 빈도를 나타낸다.

6) 병렬의 뜻을 나타낸다.

7) 동작과 작용의 원인과 이유를 나타낸다.

8) 동작의 상대방 또는 동작·작용의 대상을 나타낸다.

9) 강조의 뜻을 나타낸다.

10) 수동과 사역의 뜻을 지닌 동작의 주체를 나타낸다.

11) 주어를 존경하는 역할을한다.

12) を 대신에 に를 동반하는 동사가 있으므로 주의해야 한다.(会う<合う>·乗る 등)

1 (まだ、ここにない、出会い。) (장소)

5 三日ぶりに　出る、出る、出る。 (시간)

6 あばれる君を　クルマ買える君に。 (결과)

9 馬鹿にしてるだろう。 (결과)

10 声までギガに。 (결과)

10 ファンの皆さんに　一言。 (동작의 상대방)

11 グルメの玉子　きよらで　作った　お布団を
私にかけてください。 (동작의 상대방)

14 足のむくみに　飲む　むくみ取り　ムクトレール。(원인과 이유)
15 また　一つ　財宝を　手に入れた、　(장소)
15 当たり前の　幸せを　犠牲にして。　(결과)

姉は大阪に住んでいる。　(장소)
もう家に入りなさい。　(장소)
午前中に。3月に。江戸時代に。　(시간)
彼は3年後に帰国するはずだ。　(시간)
明日京都に行く。　(방향·목적지)
九州に向けて発った。　(방향·목적지)
昨日ローマに着いた。　(방향·목적지)
旅行に出掛ける。　(동작의 목적)
散歩に行く。　(동작의 목적)
川へ釣り(泳ぎ)に行く。　(동작의 목적)
父に似る。　(비교의 기준·빈도)
それはこれに劣る。　(비교의 기준·빈도)
兄に比べると背が低い。　(비교의 기준·빈도)
この雑誌は1年に4回発行される。　(비교의 기준·빈도)
10人に1人が試験に合格した。　(비교의 기준·빈도)
鉛筆にノート。　(병렬)
梅にうぐいす。　(병렬)
うれしさに躍り上がった。　(원인·이유)
寒さにふるえた。　(원인·이유)
彼らは飢えに苦しんでいた。　(원인·이유)
警報に驚いた。　(원인·이유)
待ちに待った時が来た。　(강조)

急ぎに急ぐ。 (강조)

彼にだまされた。 (동작의 주체)

あの男に財布を取られた。 (동작의 주체)

それは誰に聞きましたか。 (동작의 주체)

弟に行かせる。 (동작의 주체)

皆々様にはお変りもなくお過ごしの事と存じます。(주어 존경)

先生にはお元気の事と存じます。 (주어 존경)

電車に乗る。 (に+자동사)

山に登る。 (に+자동사)

南に向かう。 (に+자동사)

(4) へ「～으로·～에」

1) 동작이 향하는 방향, 장소 또는 이동을 나타낸다.

2) 동작의 귀착점을 나타낸다.

3) 동작의 대상·목표를 나타낸다.

17 1年生へ、ゴー！ (대상·목표)

23 何があっても前へ。 (방향·장소·이동)

42 進撃の巨人が ついに Real 4D
(リアル フォーディー)へ。 (대상·목표)

彼は北へ向かった。 (방향·장소·이동)

駅へ行く道で。 (방향·장소·이동)

建物の中へ入る。 (방향·장소·이동)

大阪(駅)へ着いた。 (귀착점)

君への贈り物。 (대상)

彼への愛。 (대상)

• **へ와 に의 차이**:へ는 동작이나 작용의 목표 지점을 향하므로 방향성이 중심인데 비해, に는 동작이나 작용의 귀착점인 목적지나 존재하는 장소가 중심이다.

京都に行く。 (O)
京都へ行く。 (O)
車が電柱にぶつかった。 (O)
車が電柱へぶつかった。 (X)
(우리말로 '전봇대에 부딪혔다'는 사용되지만 '전봇대로 부딪혔다'는 거의 사용되지 않는다)

MEMO

제16과

Smiles for all (スマイルズ　フォ　オール)

本当(ほんとう)ですか？

いいから食(た)べてみろって。

だろう。

(カップ麺(めん)の　概念(がいねん)　ひっくり返(かえ)る)次々(つぎつぎ)　引(ひ)っくり返(かえ)る　マルチャン

正麺(せいめん)カップ。

びっくらこいた？

새로운 단어

□	スマイルズ　フォ　オール	스마일즈 포 올(Smiles for all).
□	本当	本当だ ほん·とう·だ 정말이다.
□	です	です –입니다.;–입(습)니다.
□	か	–인가. –하는가. –입니까.
□	いい	いい 좋다.
□	から	때문에.
□	食べて	食べる た·べる 먹다.
□	みろ	みる –해 보다
□	って	–(이)라고, –라고 하는; –(이)란; 인용: –는대, 반문: –했다고.
□	だろ	だ –(이)다.

Smiles for all (スマイルズ　フォ　オール)

本当ですか？

いいから食べてみろって。

だろう。

(カップ麺の　概念　ひっくり返る)次々　引っくり返る　マルチャン

正麺カップ。

びっくらこいた？

새로운 단어

- [ ] う　う 의지:−겠다; 권유:−하자; 추측:−ㄹ것이다, −겠지.
- [ ] カップ麵　かっぷ·めん 컵면. 사발면.
- [ ] の　−의. −의 것. −이(가).
- [ ] 概念　がい·ねん 개념.
- [ ] ひっくり返る　ひっくり返る ひっくり·かえ·る 뒤집히다. 바뀌다.
- [ ] 次々　つぎ·つぎ 차례차례.
- [ ] マルチャン　まるちゃん 마루챤.
- [ ] 正麵カップ　せい·めん·かっぷ 세이멘컵.
- [ ] びっくらこい　びっくらこく 놀라다.
- [ ] た　た −(이)었다, −(았/었)다.

제17과

始(はじ)まるよ。

ランランラン　ランドセルは　ててんてん　天使(てんし)の羽(はね)　wish wish、

軽(かる)く　背負(せお)えて　ずっと　丈夫(じょうぶ)　ててんてん　天使(てんし)の羽(はね)。

1年生(いちねんせい)でも　重(おも)くないよ。

マジですか？

새로운 단어

☐	**始まる**	始まる はじ·まる 시작되다.
☐	**よ**	(주장, 다짐)−요; (감동, 영탄)−이야; (명령, 권유)−라구, −해요.
☐	**ランランラン**	らんらんらん 란란란(책책책).
☐	**ランドセル**	らんどせる 등에 메는 아동용 가방. 책가방(네덜란드어 ransel).
☐	**は**	−은/는.
☐	**ててんてん**	테텐텐(처천천).
☐	**天使**	てん·し 천사.
☐	**の**	−의. −의 것. −이(가).
☐	**羽**	はね 날개.
☐	**軽く**	軽い かる·い 가볍다.
☐	**背負え**	背負える せ·お·える 멜 수 있다.

始まるよ。

ランランラン　ランドセルは　ててんてん　天使の羽　wish wish、

軽く　背負えて　ずっと　丈夫　ててんてん　天使の羽。

1年生でも　重くないよ。

マジですか？

새로운 단어

□ て	–고, –(하여)서; –해서.
□ ずっと	죽, 계속.
□ 丈夫	丈夫だ じょう·ぶ·だ 튼튼하다; 까딱없다.
□ 1年生	いち·ねん·せい 1학년(생).
□ でも	–(이)라도, –(이)어도.
□ 重く	重い おも·い 무겁다.
□ ない	ない 부정: –지 않다.
□ マジ	マジだ まじだ 진심이다.
□ です	です –입니다.;–입(습)니다.
□ か	–인가, –하는가, –입니까.

6年生(ろくねんせい)まで　型崩(かたくず)れしませんでした。

確(たし)かに。

それが　KOH。

てててんてん　天使(てんし)の羽(はね)。

1年生(いちねんせい)へ、ゴー！

セイバン　セイバン。

새로운 단어

□	6年生	ろく·ねん·せい 6학년(생).
□	まで	–까지.
□	型崩れ	かた·くず·れ (양복 · 구두 따위의) 원형이 보기 싫게 변함; 변형.
□	し	する 하다.
□	ませ	ます –입니다, –합니다.
□	ん	ぬ 부정(=ない): –지 않다. –지 아니하다.
□	でし	です –입니다.;–입(습)니다.
□	た	た –(이)었다, –(았/었)다.

６年生まで　型崩れしませんでした。

確かに。

それが　KOH。

ててんてん　天使の羽。

１年生へ、ゴー！

セイバン　セイバン。

새로운 단어

- ☐ **確かに** 確かだ たし·か·だ 분명하다.
- ☐ **それ** 그것.
- ☐ **が** −이/가.
- ☐ **KOH** K(子ども 아이)O(想い 추억.생각)H(品質 품질).
- ☐ **へ** −(으)로.
- ☐ **ゴー** 고(go).
- ☐ **セイバン** せいばん 세이반.

제18과

あの　スマホが　学割(がくわり)で　衝撃(しょうげき)価格(かかく)に！　中継(ちゅうけい)です。

現場(げんば)です。

現場(げんば)の学校(がっこう)です。

あまりの　安(やす)さに　生徒(せいと)たちが　大興奮(だいこうふん)です。

わ～　盛(も)り上(あ)がっていますね。

僻(ひが)んでいるんですか。

새로운 단어

- ☐ あの　저. 그.
- ☐ スマホ　スマートフォン·スマートホン　すまーとふぉん·すまーとほん　스마트폰(smart phone).
- ☐ が　－이/가.
- ☐ 学割　がく·わり 학생할인.
- ☐ で　－에서; －(으)로; －때문에.
- ☐ 衝撃　しょう·げき 충격.
- ☐ 価格　か·かく 가격.
- ☐ に　－에. －에게. －(이)가. －하러. －으로. －께서.
- ☐ 中継　ちゅう·けい 중계.
- ☐ です　です －입니다.;－입(습)니다.
- ☐ 現場　げん·ば 현장.
- ☐ の　－의. －의 것. －이(가).
- ☐ 学校　がっ·こう 학교.
- ☐ あまり　あまりだ 지나치다. 심하다.
- ☐ 安さ　安い やす·い 싸다.

あの　スマホが　学割で　衝撃価格に！　中継です。

現場です。

現場の学校です。

あまりの　安さに　生徒たちが　大興奮です。

わ～　盛り上がっていますね。

僻んでいるんですか。

새로운 단어

- ☐ **生徒** せい·と 학생. 생도.
- ☐ **たち** (복수)−들.
- ☐ **大** だい 대−.
- ☐ **興奮** こう·ふん 흥분.
- ☐ **わ** 와.
- ☐ **盛り上がっ** 盛り上がる も·り·あ·がる고조되다. 업되다.
- ☐ **て** −고, −(하여)서; −해서.
- ☐ **い** いる 있다.
- ☐ **ます** ます −입니다, −합니다.
- ☐ **ね** (가벼운 감동)−구나. −군요; (동의 구함)−지(요); (가벼운 주장, 다짐)−데(요). −겠지.
- ☐ **僻ん** 僻む ひが·む 질투하다. 비뚤어지다.
- ☐ **で** て −고, −(하여)서; −해서.
- ☐ **ん** 것. 거.
- ☐ **か** −인가. −하는가. −입니까.

いいな～。

話題(わだい)のスマホも学生(がくせい)なら　1、980(ワン　キュッ　パ)。

ワン　キュッ　パ、　イェイ、　ワン　キュッ　パ、　イイェイ、

ワン　キュッ　パ、　イイェイ。

次(つぎ)のニュースです。

Y! mobile(モバイル)。

새로운 단어

☐	いい	いい 좋다.
☐	な	(감동)−구나, −군.
☐	話題	わ·だい 화제.
☐	も	−도; −나; −조차.
☐	学生	がく·せい 학생.
☐	なら	だ −(이)다.
☐	1、980	せんきゅうひゃくはちじゅう.

いいな～。

話題のスマホも学生なら　１、９８０。

ワン　キュッ　パ、　イエイ、　ワン　キュッ　パ、　イイエイ、

ワン　キュッ　パ、　イイエイ。

次のニュースです。

Y! mobile(モバイル)。

새로운 단어

- ☐ **ワン　キュッ　パ** わんきゅっぱ 198.
- ☐ **イエイ** いぇい 예이.
- ☐ **イイエイ** いいぇい 이예이.
- ☐ **次** つぎ 다음.
- ☐ **ニュース** にゅーす 뉴스(news).
- ☐ **モバイル** もばいる 모바일(mobile).

제19과

netmarble(ネットマーブル)。

じゃ　7人(にん)の華麗(かれい)な舞(ま)い。

セブンナイツのステップ　セブンナイツの晩(ばん)は　綺麗(きれい)ですね。

そして　高(たか)く　ジャンプして。

いいですよ。

セブンナイツのムーンアタック　お見事(みごと)！

ド派手(はで)に　技(わざ)を　決(き)めまくれ！

セブンナイツ　今(いま)　もらえる。

새로운 단어

☐	ネットマーブル	ねっとまーぶる 넷마블(Netmarble).
☐	じゃ	그럼. 그러면.
☐	7人	しち·にん 7인.
☐	の	−의. −의 것. −이(가).
☐	華麗な	華麗だ か·れい·だ 화려하다.
☐	舞い	ま·い 춤. 댄스.
☐	セブンナイツ	せぶんないつ 세븐 나잇츠(Seven Knights).
☐	ステップ	すてっぷ 스텝(step).
☐	晩	ばん 밤.
☐	は	−은/는.
☐	綺麗	綺麗だ き·れい·だ 아름답다.
☐	です	です −입니다.;−입(습)니다.
☐	ね	(가벼운 감동)−구나. −군요; (동의 구함)−지(요); (가벼운 주장, 다짐)−데(요). −겠지.
☐	そして	그리고.
☐	高く	高い たか·い 높다.

netmarble(ネットマーブル)。

じゃ　7人の華麗な舞い。

セブンナイツのステップ　セブンナイツの晩は　綺麗ですね。

そして　高く　ジャンプして。

いいですよ。

セブンナイツのムーンアタック　お見事！

ド派手に　技を　決めまくれ！

セブンナイツ　今　もらえる。

새로운 단어

- ☐ **ジャンプ** じゃんぷ 점프(jump).
- ☐ **し** する 하다.
- ☐ **て** −고, −(하여)서; −해서.
- ☐ **いい** いい 좋다.
- ☐ **よ** (주장, 다짐)−요; (감동, 영탄)−이야; (명령, 권유)−라구, −해요.
- ☐ **ムーンアタック** むーんあたっく 문 어택(moon attack).
- ☐ **お** 존경, 정중, 친밀함을 나타냄.
- ☐ **見事** 見事だ み·ごと·だ 멋지다.
- ☐ **ド** (강조)아주−. 퍽−.
- ☐ **派手に** 派手だ は·で·だ 화려하다.
- ☐ **技** わざ 기술. 테크닉.
- ☐ **を** −을. −를.
- ☐ **決め** 決める き·める 성공시키다; 결정하다.
- ☐ **まくれ** まくる 마구 −하다.
- ☐ **今** いま 지금.
- ☐ **もらえる** もらえる 받을 수 있다.

제20과

その瞳(ひとみ)　その瞳(ひとみ)　大人(おとな)すぎる。

その瞳(ひとみ)　やっぱり　ピュアすぎる。

瞳(ひとみ)の決(き)め手(て)は　透明感(とうめいかん)。

リセなら　瞳(ひとみ)すみずみ　充血(じゅうけつ)ケア。

だから　瞳(ひとみ)に　クリアすぎる　透明感(とうめいかん)。

ピンクの目薬(めぐすり)　ロートリセ。

(橋本環奈(はしもとかんな))環奈(かんな)　パッケージ　出(で)た。

どう？　馴染(なじ)みました。　ロート。

새로운 단어

□	その	ユ.
□	瞳	ひとみ 눈동자.
□	大人	おとな 어른. 대인.
□	すぎる	すぎる 지나치게 −하다. 너무 −하다.
□	やっぱり	역시.
□	ピュア	ぴゅあ 퓨어(pure).
□	の	−의. −의 것. −이(가).
□	決め手	き·め·て 결정타; 핵심. 포인트.
□	は	−은/는.
□	透明感	とう·めい·かん 투명감.
□	リセ	りせ 리세.
□	なら	だ −(이)다.
□	すみずみ	구석구석. 모두.
□	充血	じゅう·けつ 충혈.
□	ケア	けあ 케어(care).

その瞳　その瞳　大人すぎる。

その瞳　やっぱり　ピュアすぎる。

瞳の決め手は　透明感。

リセなら　瞳すみずみ　充血ケア。

だから　瞳に　クリアすぎる　透明感。

ピンクの目薬　ロートリセ。

(橋本環奈)環奈　パッケージ　出た。

どう？　馴染みました。　ロート。

새로운 단어

- ☐ **だから** 그래서. 그러니까.
- ☐ **に** −에. −에게. −(이)가. −하러. −으로. −께서.
- ☐ **クリア** くりあ 클리어(clear).
- ☐ **ピンク** ぴんく 핑크(pink).
- ☐ **目薬** め·ぐすり 안약. 눈약.
- ☐ **ロートリセ** ろーとりせ 로오토리세.
- ☐ **橋本環奈** はし·もと·かん·な 하시모토 칸나.
- ☐ **パッケージ** ぱっけーじ 패키지(package).
- ☐ **出** 出る で·る 나오다.
- ☐ **た** た −(이)었다, −(았/었)다.
- ☐ **どう** 어때. 어떻게.
- ☐ **馴染み** 馴染む なじ·む 어울리다. 익숙해지다. 여기에서는 (눈이)편해요, 괜찮아요의 의미임.
- ☐ **まし** ます −입니다, −합니다.
- ☐ **ロート** ろーと 로오토(ROHTO).

〈문 법 정 리 편 3〉

제3장(제1과—제20과)

3.1 형용사(Ⅱ):형용사의 활용

● 형용사의 활용

| 표 1 | さむ·い(寒い)의 활용표

미연형 (未然形 みぜんけい)	さむ·かろ	う	さむかろう(춥겠지) さむいだろう(춥겠지)
연용형 (連用形 れんようけい)	さむ·く	ない	さむくない(춥지 않다)
		なる	さむくなる(춥게 되다·추워지다)
		て	さむくて(춥고·추워서)
		ても	さむくても(추워도)
	さむ·かっ	た	さむかった(추웠다)
		たり	さむかったり(춥거나)
종지형 (終止形 しゅうしけい)	さむ·い	。	さむい(춥다)。
연체형 (連体形 れんたいけい)	さむ·い	とき	さむいとき(추울 때)
가정형 (仮定形 かていけい)	さむ·けれ	ば	さむければ(추우면)
명령형 (命令形 めいれいけい)			

| 표 2 | くるし·い(苦しい)의 활용표

미연형	くるし·かろ	う	くるしかろう(괴롭겠지) くるしいだろう(괴롭겠지)
연용형	くるし·く	ない· なる· て· ても	くるしくない(괴롭지 않다) くるしくなる(괴롭게 되다·괴로워지다) くるしくて(괴롭고·괴로워서) くるしくても(괴로워도)
	くるし·かっ	た· たり	くるしかった(괴로웠다) くるしかったり(괴롭거나)
종지형	くるし·い	。	くるしい(괴롭다)。
연체형	くるし·い	とき	くるしいとき(괴로울 때)
가정형	くるし·けれ	ば	くるしければ(괴로우면)
명령형			

- 미연형은 う와 연결하여 추측(~ㄹ 것이다)을 나타낸다. 그러나 추측은 현대어에서는 일반적으로 종지형(기본형)에 だろう를 연결시켜 나타낸다.

  寒いだろう　　苦しいだろう

- 연용형은 ない와 연결하여 부정(~지 않다)을 나타내며, た와 연결하여 과거(-었다/-았다)를 나타낸다.

- 과거부정(~지 않았다)은 보조형용사 ない를 사용하여 어미 い를 く로 바꾸고 ない의 과거형 なかった를 연결하여 나타낸다.

  寒くなかった　　苦しくなかった

- 과거부정의 공손형은 과거부정형에 です를 연결한다.

  寒くなかったです　　苦しくなかったです

  (寒くないでした 등과 같이 ~ないでした는 오용임)

• 형용사 어미 연용형 く의 여러 가지 용법

1) 형용사를 부사화한다

17　軽く　背負えて　ずっと　丈夫　ててんてん　天使の羽。

19　そして　高く　ジャンプして。

40　いつもの　冬より　暖かく。

2) 중지법(中止法)으로 쓰인다. ⓐ성질·상태의 나열(~하고)을 나타낸다

市内電話は安く、国際電話は高い。

あの山は高く、この山は低い。

3) なる와 연결되어 상황 또는 성질의 변화를 나타낸다

2　僕も　格好良くなりたいな~。

2　NOAHが　格好良くなったんで　つい。

遠くなる　うまくなる　よくなる

4) 접속조사 て와 연결되어 ⓐ성질·상태의 나열(~하고)이나 ⓑ원인·이유(~해서)를 나타낸다

天使の羽は　軽くて　安い。(ⓐ)

鬼　寒くて　お汁粉っすよ。(ⓑ)

• 형용사의 명사화

형용사를 명사로 만드는 방법에는 일반적으로 형용사 어간에 さ를 붙인다. 일부의 형용사는 형용사 어간에 み를 붙이기도 한다.

18　あまりの　安さに　生徒たちが　大興奮です。

寒い → 寒さ　　甘い → 甘さ　　苦しい → 苦しさ
軽い → 軽さ　　安い → 安さ　　甘い → 甘み
重い → 重さ　　重い → 重み　　高い → 高み

• 형용사의 음편 (音便 おんびん)

형용사의 연용형 く 뒤에 ございますﾅ ぞんじます(~게 여깁니다·~게 생각합니다)가 오면 연용형 く가 う로 바뀌는 것을 말한다.

さむい → さむうございます　　さむうぞんじます
おもい → おもうございます　　おもうぞんじます

어간 마지막 음절의 모음이 [a]일 경우 [a]가 [o]로 바뀌어 「う[u]」와 함께 장모음인 [o:]로 변한다.

ありがたい→ ありがとうございますありがとうぞんじます ([ta+u]>[to:])
はやい → おはようございます　はようぞんじます ([ja+u]>[jo:])

어간 마지막 음절의 모음이 [i]일 경우 [i]가 [ju]로 바뀌어 「う[u]」와 함께 장모음인 [ju:]로 변한다.

くるしい → くるしゅうございます くるしゅうぞんじます ([si+u]>[sju:])
かわいい → かわゆうございます　かわゆうぞんじます ([ki+u]>[kju:])

수의

가정형 중 いい는 いければ가 아니라 よい를 써서 よければ가 된다. いい는 종지형과 연체형뿐이다. 즉 いい는 활용형의 형태가 「いい」 밖에 없다.
<よかろう·よいだろう·いいだろう>　<よくない·よくなる·よくて·よくても>
<よかった·よかったり> <よい·いい> <よいとき·いいとき> <よければ>

1 (まだ、ここにない、出会い。)

2 AERO NOAH　格好いいな～。

2 僕も　格好良くなりたいな～。

2 俺達　格好良くない？

2 俺達　格好良くない？

2 超格好いい。

2 NOAHが　格好良くなったんで　つい。

2 のびたさんは　そのままで　いいの。

2 ええ　じゃ　元々　格好いいってこと？

2 そんなこと　言ってないけど。

3 鬼寒いんで　　お汁粉っすよ。

3 甘そう～。

3 やぁ、鬼あまっす。

3 鬼甘い　汁粉　もらえます。

3 これ　お餅　入ってない。

4 楽に　格好よく。

8 何にもなしで　良いんです。

9 今年も　良いこと　ありますようにって。

10 可愛い～。

10 飼えないよ、こんなデカイの

10 いいね、いいね。

11 苦しい。

12 ドラえもんじゃないから。

13 だるい。

14 分かりやすいでしょう。

15 本当に　これでよかったのか。

16　いいから食べてみろって。

17　軽く　背負えて　ずっと　丈夫　ててんてん　天使の羽。

17　１年生でも　重くないよ。

17　１年生でも　重くないよ。

18　あまりの　安さに　生徒たちが　大興奮です。

18　いいな～。

19　そして　高く　ジャンプして。

19　いいですよ。

• 다음 형용사를 활용시켜 보자.

青い	美味しい	少ない	速い
赤い	多い	涼しい	低い
明るい	大きい	狭い	広い
暖かい·温かい	遅い	高い(高い山)	太い
新しい	重い	高い(値段が高い)	古い
厚い	面白い	楽しい	細い
暑い	辛い	小さい	不味い
熱い	軽い	近い	丸い·円い
危ない	可愛い	冷たい	短い
甘い	黄色い	強い	難しい
良い	汚い	遠い	易しい
忙しい	暗い	無い	安い
痛い	黒い	長い·永い	弱い
薄い	寒い	温い	若い
煩い	白い	早い	悪い

3.2 동사(動詞 どうし)의 종류

- 동사는 사람이나 사물의 동작·작용·존재 등을 나타내는 품사이다.
  1) 활용한다.
  2) 자립어로 단독으로 술어가 될 수 있다.
  3) 기본형은 어미의 모음이 ウ단 음으로 끝난다.

(1) 상1단동사(上一段動詞 かみいちだんどうし:2류동사)

- 어미가 る로 끝나며, る 바로 앞에 오는 음의 모음이 イ단 음으로 이루어진 동사를 말한다. ☞ **[i]+る**

3	何してるの？	いる
8	ナシのままで、生きてゆく。	生きる
9	まだ　言ってるの？	いる
9	そんな人　いません。	いる
9	いるよね。	いる
9	いる、いる、セーラームーン。	いる
9	馬鹿にしてるだろう。	いる
12	あ、いた。	いる
12	軽自動車　探しているんだけど、見つからなくて　出してよドラえもん。	いる
12	あれ　何で　コンパニオンの格好しているの　ドラえもん。	いる
12	だから　ドラえもんじゃないって言ってるんでしょう。	いる
13	鉄分　足りてる？。	足りる
13	鉄分　足りてる？。	いる

16	いいから食べてみろって。	みる
18	わ～　盛り上がっていますね。	いる
18	僻んでいるんですか。	いる
20	その瞳　その瞳　大人すぎる。	すぎる
20	その瞳　やっぱり　ピュアすぎる。	すぎる
20	だから　瞳に　クリアすぎる　透明感。	すぎる

(2) 하1단동사(下一段動詞 しもいちだんどうし:2류동사)

- 어미가 る로 끝나며, る 바로 앞에 오는 음의 모음이 エ단 음으로 이루어진 동사를 말한다. ☞ **[e]+る**

1	皆さん　卒業しても　これだけは　忘れないで下さい。	忘れる
5	三日ぶりに　出る、出る、出る。	出る
6	あばれる君を　クルマ買える君に。	暴れる
7	それが　日経電子版　始めてから　ガ～って。	始める
7	お前ら　今　始めないと　いつ　始めるんだ。	始める
11	グルメの玉子　きよらで　作った　お布団を 私にかけてください。	かける
12	はぐれちゃったな。	はぐれる
12	ああ、出してくれたんだ　ドラえもん。	くれる
13	本気なのさ　グミサプリ　続けるひとの　グミサプリ。	続ける
15	また　一つ　財宝を　手に入れた、	入れる
15	でも、ふと　考えてしまう。	考える
16	いいから食べてみろって。	食べる
19	ド派手に　技を　決めまくれ！	決める
20	(橋本環奈)環奈　パッケージ　出た。	出る

(3) 5단동사(五段動詞 ごだんどうし:1류동사)

- 상1단동사와 하1단동사를 제외한 모든 동사를 말한다(단, 변격동사와 불규칙동사는 제외). 즉, **[i]+る와 [e]+る 이외의 동사**를 말한다.

2	僕も　格好良くなりたいな～。	なる
2	飲めばそうなるんだ。	飲む
2	飲めばそうなるんだ。	なる
2	へい、　彼女　ドライブ　行かない？	行く
2	のびたさん、　また　こんなの　飲んで。	飲む
2	NOAHが　格好良くなったんで　つい。	なる
2	そんなこと　言ってないけど。	言う
3	これ　お餅　入ってない。	入る
4	いろいろ　試したけど　エステが　一番。	試す
6	じゃ　買えば。	買う
8	ナシのままで、生きてゆく。	ゆく
9	今年も　良いこと　ありますようにって。	ある
9	まだ　言ってるの？	言う
9	お、あれ　セーラームーンの店で　もらったぞ。	もらう
9	ソフトバンクのお店で　もらったの。	もらう
9	お店で　新春グッズ　当る！	当る
10	放送席　放送席　勝ちました。	勝つ
10	声が変わられました？	変わる
10	ギガ学割で　200ギガ　締め切り　迫る。	迫る
11	グルメの玉子　きよらで　作った　お布団を私にかけてください。	作る
11	いただきます。	いただく
12	探したよ、ドラえもん。	探す

12	軽自動車　探しているんだけど、見つからなくて　出してよ ドラえもん。	探す
12	軽自動車　探しているんだけど、見つからなくて　出してよ ドラえもん。	見つかる
12	軽自動車　探しているんだけど、見つからなくて　出してよ ドラえもん。	出す
12	だから　ドラえもんじゃないって言ってるんでしょう。	言う
12	ああ、出してくれたんだ　ドラえもん。	出す
14	足のむくみに　飲む　むくみ取り　ムクトレール。	飲む
14	こりゃ　勝手に　トレール　飲むな。	飲む
14	分かりやすいでしょう。	分かる
14	飲ませて。	飲む
14	飲まないで。	飲む
14	飲ませて。	飲む
14	飲むな。	飲む
15	でも、ふと　考えてしまう。	しまう
16	(カップ麺の　概念　ひっくり返る)次々　引っくり返る マルチャン　正麺カップ。	ひっくり返る
16	びっくらこいた？	びっくらこく
17	始まるよ。	始まる
18	わ～　盛り上がっていますね。	盛り上がる
18	僻んでいるんですか。	僻む
19	ド派手に　技を　決めまくれ！	まくる
20	どう？　馴染みました。　ロート。	馴染む

(4) 변격동사(変格動詞 へんかくどうし:3류동사)

- 변격동사에는 来る(カ行変格動詞)와 する(サ行変格動詞) 두 동사만이 있다.

する(サ行変格動詞)

1　皆さん　卒業しても　これだけは　忘れないで下さい。

1　バイトするなら、タウンワーク。

1　バイトするなら、タウンワーク。

1　バイトするなら、タウンワーク。タウンワーク。

3　何してるの？

9　馬鹿にしてるだろう。

12　あれ　何で　コンパニオンの格好しているの　ドラえもん。

15　当たり前の　幸せを　犠牲にして。

17　６年生まで　型崩れしませんでした。

19　そして　高く　ジャンプして。

来る(カ行変格動詞)

23　買ってきたわよ。　　来る

46　明日　明後日　明明後日　新しい　未来が
やってくる。　　やってくる

- 다음 동사의 종류를 구분해 보자.

会う	返す	立つ	入る
開く	帰る	頼む	穿く·履く
開ける	掛かる	食べる	始まる
上げる·挙げる	書く·描く	違う	走る

遊ぶ	掛ける(眼鏡をかける)	使う	働く
浴びる	掛ける(電話をかける)	疲れる	話す
洗う	貸す	着く	貼る
在る(존재)	被る	作る	晴れる
有る(소유)	借りる	点ける	引く
歩く	消える	勤める	弾く
言う	聞く	出来る	吹く
行く	切る·斬る	出る	降る
居る	着る	飛ぶ	曲がる
要る	曇る	止まる	待つ
入れる	消す	取る	磨く
歌う	答える	撮る	見せる
生まれる	困る	鳴く	見る
売る	咲く	無くす	持つ
起きる	さす(傘をさす)	習う	休む
置く	閉まる	並ぶ	遣る(仕事を)
教える	閉める	並べる	呼ぶ
押す	締める	為る(春になる)	読む
覚える	知る	脱ぐ	分かる
泳ぐ	吸う	寝る	忘れる
降りる	住む	登る	渡す
終わる	座る	飲む	渡る
買う	出す	乗る	

3.3 지시어(지시대명사 指示代名詞 しじだいめいし·인칭대명사 人稱代名詞 にんしょうだいめいし)

● 지시대명사와 인칭대명사를 표로 제시하면 다음과 같다.

| 표 3 | 지시대명사

	근칭	중칭	원칭	부정칭
사물	これ	それ	あれ	どれ·なに
장소	ここ	そこ	あそこ	どこ
방향	こちら·こっち	そちら·そっち	あちら·あっち	どちら·どっち

| 표 4 | 인칭대명사

1인칭	2인칭	3인칭	부정칭
わたし(私)	あなた	かれ(彼)	だれ(誰)
わたくし(私)		かのじょ(彼女)	
ぼく(僕)	きみ(君)		
おれ	おまえ(お前)		
わたしたち	あなたたち		
	あなたがた		どなた
われわれ	きみたち		

1　皆さん　卒業しても　これだけは　忘れないで下さい。　皆さん

1　皆さん　卒業しても　これだけは　忘れないで下さい。　これ

1　(まだ、ここにない、出会い。)　ここ

2　僕も　格好良くなりたいな～。　僕

2　俺達　格好良くない？　俺達

2　へい、　彼女　ドライブ　行かない？　彼女

3	何してるの？	何
3	これ　お餅　入ってない。	これ
6	もしも　私が　車を　持てたら、海まで　ドライブ行けた。	私
6	その理由は　こちら。	こちら
7	それが　日経電子版　始めてから　ガ～って。	それ
7	お前ら　今　始めないと　いつ　始めるんだ。	お前
9	はい、これ。	これ
9	あなた。	あなた
9	何だ　夢か？	何
9	お、あれ　セーラームーンの店で　もらったぞ。	あれ
10	何だ、それ。	何
10	何だ、それ。	それ
11	グルメの玉子　きよらで　作った　お布団を私にかけてください。	私
12	誰が　ドラえもんよ。	誰
14	誰　あんた？	誰
14	誰　あんた？	あんた
15	本当に　これでよかったのか。	これ
17	それが　KOH。	それ

3.4 감동사(感動詞 かんどうし:감탄사)

- 감동사는 감동(기쁨·분노·슬픔·즐거움·놀라움·공포 등)이나 응답·부름·인사 등을 나타내는 말이다.

1) 활용이 없다

2) 자립어로 주어·술어·수식어가 되지 못하며 수식을 받지도 못한다.

3) 독립해서 쓰이며 단독으로 문장이 된다.

① 감동 : あ·ああ·まあ·え·おお 등

② 부름 : もしもし·ちょっと·よう·こら·おい 등

③ 대답 : はい·ええ·いいえ·いや·うん 등

④ 인사 : おはよう·こんにちは·さようなら 등

2	へい、 彼女 ドライブ 行かない?	(부름)
2	ええ じゃ 元々 格好いいってこと?	(감동)
3	あれ? 鬼ちゃん。	(감동)
3	あけおめっす。	(인사)
3	やぁ、鬼あまっす。	(감동)
3	いいいぇ~。	(감동)
7	いや。	(대답)
7	あ、電子版ちゃん。	(감동)
7	ああ。	(감동)
9	はい、これ。	(환기. 주의)
9	うん、セーラームーン。	(대답)
9	お、あれ セーラームーンの店で もらったぞ。	(감동)
9	いや、セーラームーンの。	(대답)
9	はい、はい、セーラームーンね?	(대답)
10	おめでとうございます。	(인사)
10	サンキューウです。	(인사)
10	ピクピクピクピク ウップス。	(감동)
12	あ、いた。	(감동)
12	あれ 何で コンパニオンの格好しているの ドラえもん。	(감동)

12　ああ、出してくれたんだ　ドラえもん。　(감동)

12　あ　ドラえもんだよ。　(감동)

18　わ~　盛り上がっていますね。　(감동)

18　ワン　キュッ　パ、　イエイ、　ワン　キュッ　パ、　イイエイ、
ワン　キュッ　パ、　イイエイ。　(감동)

18　ワン　キュッ　パ、　イエイ、　ワン　キュッ　パ、　イイエイ、
ワン　キュッ　パ、　イイエイ。　(감동)

3.5　격조사 を「~을/를」

- 연용수식어를 만든다.
  1) 동작의 대상·목적을 나타낸다.
  2) 경과하는 장소(지역)·시간을 나타낸다.
  3) 동작의 출발점(起点)을 나타낸다.
  4)사역의 뜻을 지니고 있는 동작(동사)의 주체를 나타낸다.

6　もしも　私が　車を　持てたら、海まで　ドライブ　行けた。
(대상·목적)

6　あばれる君を　クルマ買える君に。　(대상·목적)

8　とっとりなしおは　プライドなしを。　(대상·목적)

8　とっとりなしおは　ジェラシーなしを。　(대상·목적)

8　だから　なしおは　ストレスなしを。　(대상·목적)

11　グルメの玉子　きよらで　作った　お布団を　私にかけてください。
(대상·목적)

15　また　一つ　財宝を　手に入れた、　(대상·목적)

15　当たり前の　幸せを　犠牲にして。　(대상·목적)

19　ド派手に　技を　決めまくれ！　(대상·목적)

列車は利根川を渡った。　(장소)
飛行機はパリ上空を飛んだ。　(장소)
夏休みを海外旅行で過ごした。　(시간)
8時にホテルを出た。　(출발점)
大学を出ても職はなかった。　(출발점)
ドアを開けさせる。　(동작의 주체)
少年はおもちゃの汽車を走らせていた。　(동작의 주체)
子供を騒がせるな。　(동작의 주체)

3.6 정중(丁寧 ていねい)의 조동사 ます(Ⅰ)「~(ㅂ)니다」

- 말하는 사람이 듣는 사람에게 공손한 뜻을 나타낸다.

3　鬼甘い　汁粉　もらえます。
9　今年も　良いこと　ありますようにって。
9　そんな人　いません。
10　放送席　放送席　勝ちました。
10　声が変わられました？
11　いただきます。
17　６年生まで　型崩れしませんでした。
18　わ～　盛り上がっていますね。
20　どう？　馴染みました。　ロート。

3.7 과거(過去 かこ)·완료(完了 かんりょう)의 조동사 た(II) 「~었(았)다」

● 용언, 조동사의 연용형에 접속

| 표 5 | た의 활용표

미연형	たろ	う
연용형		
종지형	た	。
연체형	た	とき
가정형	たら	(ば)
명령형		

2 NOAHが　格好良くなったんで　つい。

4 いろいろ　試したけど　エステが　一番。

5 もう　ちょっとだったのに。

6 もしも　私が　車を　持てたら、海まで　ドライブ　行けた。

7 この人　昔は　ただの　田中だったの。

9 お、あれ　セーラームーンの店で　もらったぞ。

9 ソフトバンクのお店で　もらったの。

10 放送席　放送席　勝ちました。

10 琴奨菊じゃなかったのか？

10 声が変わられました？

11 グルメの玉子　きよらで　作った　お布団を　私にかけてください。

12 はぐれちゃったな。

12 あ、いた。

12 探したよ、ドラえもん。

12 ああ、出してくれたんだ　ドラえもん。

15　また　一つ　財宝を　手に入れた、

15　本当に　これでよかったのか。

16　びっくらこいた？

17　６年生まで　型崩れしませんでした。

20　(橋本環奈)環奈　パッケージ　出た。

20　どう？　馴染みました。　ロート。

6　もしも　私が　車を　持てたら、海まで　ドライブ　行けた。

• た의 미연형의 예

たろう：きたろう(来る)　試したろう(試す)　もらったろう(もらう)
買ったろう(買う)　みたろう(見る)　入れたろう(入れる)
飲んだろう(飲む)　なったろう(なる)

ただろう：きただろう(来る)　試しただろう(試す)　もらっただろう(もらう)
買っただろう(買う)　見ただろう(見る)　入れただろう(入れる)
飲んだだろう(飲む)　なっただろう(なる)

3.8 부정(打消 うちけし)의 조동사 ない(ぬ·ん)「~지 않다·~하지 않는다」

| 표 6 | ない의 활용표

미연형	なかろ	う
연용형	なかっ	た
	なく	なる
종지형	ない	。
연체형	ない	とき
가정형	なけれ	(ば)
명령형		

• 동사, 동사형 활용의 조동사의 미연형에 접속

1) 추측을 나타내는 미연형의 なかろう는 별로 쓰이지 않는 대신에 주로 ないだろう 또는 ないであろう를 사용한다.

2) 동사 ある에는 부정의 조동사 ない가 연결되지 못 한다(あらない X). ある의 부정은 ない이기 때문이다.

2　へい、　彼女　ドライブ　行かない？

7　お前ら　今　始めないと　いつ　始めるんだ。

12　軽自動車　探しているんだけど、見つからなくて　出してよ　ドラえもん。

• 주의 : 형용사 ない와 보조형용사 ない

형용사 ない

1　(まだ、ここにない、出会い。)

보조형용사 ない

2　俺達　格好良くない？

2　そんなこと　言ってないけど。

3　これ　お餅　入ってない。

10　琴奨菊じゃなかったのか？

12　ドラえもんじゃないから。

17　１年生でも　重くないよ。

3.9 존재를 나타내는 ある와 いる「~이/가 있다」

- ある:움직이지 않는 사물 또는 무생물의 존재를 나타낸다.
- いる:사람이나 동물 등 움직이는 사물의 존재를 나타낸다.

| 표 7 | ある와 いる

	사물/무생물	사람/동물	
현재	ある·あります	いる·います	있다·있습니다
과거	あった·ありました	いた·いました	있었다·있었습니다
현재 부정	ない·ありません	いない·いません	없다·없습니다
과거 부정	なかった· ありませんでした	いなかった· いませんでした	없었다·없었습니다

ある

9　今年も　良いこと　ありますようにって。

いる

9　そんな人　いません。

9　いるよね。

9　いる、いる、セーラームーン。

9　いる、いる、セーラームーン。

12　あ、いた。

いる(보조동사)

3　何してるの？

9　まだ　言ってるの？

9　馬鹿にしてるだろう。

12　軽自動車　探しているんだけど、見つからなくて　出してよ　ドラえもん。

12　あれ　何で　コンパニオンの格好しているの　ドラえもん。

12　だから　ドラえもんじゃないって言ってるんでしょう。

13　鉄分　足りてる？。

18　わ～　盛り上がっていますね。

18　僻んでいるんですか。

門の前に人がいる。(O)　　門の前に人がある。(X)

門のところに犬がいる。(O)　　門のところに犬がある。(X)

駅前に**タクシー**がいる。(O)　　駅前に**タクシー**がある。(X)

(いるは 택시가 움직이고 있다는 의미이고 あるは 택시가 주차되어 있다는 의미이다. ある를 전혀 사용할 수 없는 것은 아니다.)

妹は大阪にいる。(O)　　妹は大阪にある。(X)

門のところに松の木がいる。(X)　　門のところに松の木がある。(O)

机の上にワープロがいる。(X)　　机の上にワープロがある。(O)

空に雲がいる。(X)　　空に雲がある。(O)

才能がいる。(X)　　才能がある。(O)

体重が六〇キロいる。(X)　　体重が六〇キロある。(O)

☞ 사람의 경우 소유의 의미로 ある를 사용할 수 있으나 구체적인 이름이 있을 때는 いる를 사용한다.

兄弟がいる。(O)　　**兄弟**がある。(O)

私には弟がいます。(O)　　私には弟があります。(O)

私には**弟の一郎**がいます。(O)　　私には**弟の一郎**があります。(X)

제21과

バイトの　応募先の　人から　かけてもらった　電話　取れなかったらと
おうぼ さき　ひと　でんわ　と

思うと　ぞっとします。
おも

電車に　乗って。
でんしゃ　の

ライン応募なら　やりとり　簡単ですよ。
おうぼ　かんたん

LINE　バイト。

새로운 단어

- ☐ バイト　ばいと 아르바이트. 알바(Arbeit).
- ☐ の　-의. -의 것. -이(가).
- ☐ **応募**　おう·ぼ 응모.
- ☐ **先**　さき 처. 곳; 상대.
- ☐ **人**　ひと 사람.
- ☐ から　-부터.
- ☐ かけ　かける 걸다.
- ☐ て　-고, -(하여)서; -해서.
- ☐ もらっ　もらう -해 받다.
- ☐ た　た -(이)었다, -(았/었)다.
- ☐ **電話**　でん·わ 전화.
- ☐ **取れ**　取れる と·れる 받을 수 있다.
- ☐ なかっ　ない 부정: -지 않다. -지 아니하다.
- ☐ たら　た -(이)었다, -(았/었)다.
- ☐ と　-라고.

バイトの　応募先の　人から　かけてもらった　電話　取れなかったらと

思うと　ぞっとします。

電車に　乗って。

ライン応募なら　やりとり　簡単ですよ。

LINE　バイト。

새로운 단어

☐	思う	思う おも·う 생각하다.
☐	と	−(하)면.
☐	ぞっと	(공포, 추위로)오싹.
☐	し	する 하다.
☐	ます	ます −입니다, −합니다.
☐	電車	でん·しゃ 전차.
☐	に	−에. −에게. −(이)가. −하러. −으로. −께서.
☐	乗っ	乗る の·る 타다.
☐	ライン	らいん 라인(Line).
☐	なら	だ −(이)다.
☐	やりとり	주고받기.
☐	簡単	簡単だ かん·たん·だ 간단하다.
☐	です	です −입니다.;−입(습)니다.
☐	よ	(주장, 다짐)−요; (감동, 영탄)−이야; (명령, 권유)−라구, −해요.
☐	LINE	ライン らいん 라인.

제22과

ね？　ツー　知(し)ってる？

知(し)ってる。

俺(おれ)　ツー。

俺(おれ)も　ツー。

ツーが良(い)いのよ。

ツーがね。

良(い)いんだよ　ツー。

ツー？

良(い)いんだよ。

親父(おやじ)。

새로운 단어

☐	ね	(남을 부르거나 친근함, 다짐할 때) 저. 네. 응.
☐	ツー	つー 투(two).
☐	知っ	知る し·る 알다.
☐	て	−고, −(하여)서; −해서.
☐	る	いる 있다.
☐	俺	おれ (주로 남자들이 친한 사이나 아랫사람에게)나.
☐	も	−도; −나; −조차.
☐	が	−이/가.

ね？　ツー　知ってる？

知ってる。

俺　ツー。

俺も　ツー。

ツーが良いのよ。

ツーがね。

良いんだよ　ツー。

ツー？

良いんだよ。

親父。

새로운 단어

- ☐ 良い　良い い·い 좋다.
- ☐ のよ　-거야.
- ☐ ね　(가벼운 감동)-구나. -군요; (동의 구함)-지(요); (가벼운 주장, 다짐)-데(요). 겠지.
- ☐ ん　것. 거.
- ☐ だ　だ -(이)다.
- ☐ よ　(주장, 다짐)-요; (감동, 영탄)-이야; (명령, 권유)-라구, -해요.
- ☐ 親父　おやじ (속어)아버지.

ひどい、　たかし！　全然(ぜんぜん)　ツーじゃない。

ツーって　何(なん)なんだよ？

倒(たお)れるだけで　腹筋(ふっきん)　Wonder Core 2 (ワンダーコア 2)。

これか！

広背筋(こうはいきん)も　上腕二頭筋(じょうわんにとうきん)も　大胸筋(だいきょうきん)も。

ほいほい。

全身(ぜんしん)　筋(きん)トレ　Wonder Core　2。

ダイナミック！　ワンダーコア 2で　検索(けんさく)。

Shop Japan(ショップ　ジャパン)。

새로운 단어

- ☐ **ひどい**　ひどい 너무하다. 심하다.
- ☐ **たかし**　타카시.
- ☐ **全然**　ぜん·ぜん 전혀.
- ☐ **じゃない**　-이/가 아니다. -이/가 아니잖아; -지 않다.
- ☐ **って**　-(이)라고, -라고 하는; -(이)란; 인용: -는대, 반문: -했다고.
- ☐ **何**　なん 무엇. 뭐.
- ☐ **な**　だ -(이)다.
- ☐ **ん**　の 것.
- ☐ **倒れる**　倒れる たお·れる 눕다. 넘어지다.
- ☐ **だけ**　-만. -뿐.
- ☐ **で**　-에서; -(으)로; -때문에.
- ☐ **腹筋**　ふっ·きん 복근.
- ☐ **ワンダーコア 2**　わんだーこあ 2 원더 코어 2(Wonder Core 2).
- ☐ **これ**　이것.

ひどい、　たかし！　全然　ツーじゃない。

ツーって　何なんだよ？

倒れるだけで　腹筋　Wonder Core 2 (ワンダーコア 2)。

これか！

広背筋も　上腕二頭筋も　大胸筋も。

ほいほい。

全身　　筋トレ　Wonder Core　2。

ダイナミック！　ワンダーコア 2で　検索。

Shop Japan(ショップ　ジャパン)。

새로운 단어

- □ か　－인가. －하는가. －입니까.
- □ 広背筋　こう·はい·きん 광배근. 좌우 등의 하반부, 허리 부분과 위팔 뼈를 연결하는 삼각형의 근육.
- □ 上腕二頭筋　じょう·わん·に·とう·きん 상완이두근; 위팔의 앞쪽에 있는 긴 방추형의 굴근; 팔을 굽혀 알통을 만드는 근육.
- □ 大胸筋　だい·きょう·きん 대흉근. 흉부, 젖가슴 상부에 있는 부채모양의 넓은 근육
- □ ほいほい　간단히. 쉽게; 어이 어이.
- □ 全身　ぜん·しん 전신.
- □ 筋トレ　きん·とれ 근육 트레이닝(training).
- □ ダイナミック　だいなみっく 다이내믹(dynamic).
- □ で　－에서; －(으)로; －때문에.
- □ 検索　けん·さく 검색.
- □ ショップ　ジャパン　しょっぷ じゃぱん 샵저팬(Shop Japan).

제23과

買(か)ってきたわよ。

お帰(かえ)り。

はい　十本(じゅっぽん)パック。

うわっ　家(いえ)が！

何(なん)だ、　このちゃぶ台(だい)。

何(なに)があっても前(まえ)へ。

元気(げんき)　ハツラツ(溌剌(はつらつ))　オロナミンC。

え、　これ　ハンドル？

새로운 단어

□	買っ	買う か·う 사다.
□	て	–고, –(하여)서; –해서.
□	き	来る く·る 오다.
□	た	た –(이)었다, –(았/었)다.
□	わよ	(여성어, 단정)–에요. –해요.
□	お	존경, 정중, 친밀함을 나타냄.
□	帰り	かえ·り 귀가. 돌아옴, 돌아감.
□	はい	자; 네. 예.
□	十本	じゅっ·ぽん 10병. じっぽん이라고도 하나 점차 줄어드는 추세이다.
□	パック	ぱっく 팩(pack).
□	うわっ	우와.
□	家	いえ 집.
□	が	–이/가.
□	何	なん 무엇. 뭐.
□	だ	だ –(이)다.

買ってきたわよ。

お帰り。

はい　十本パック。

うわっ　家が！

何だ、　このちゃぶ台。

何があっても前へ。

元気　ハツラツ(溌剌)　オロナミンC。

え、　これ　ハンドル？

새로운 단어

- ☐ **この** 이.
- ☐ **ちゃぶ台** ちゃぶ·だい (접었다 폈다 할 수 있는) 다리가 낮은 밥상. 개다리소반.
- ☐ **何** なに 무엇.
- ☐ **あっ** ある 있다.
- ☐ **ても** –(해)도, –(하)더라도.
- ☐ **前** まえ 앞.
- ☐ **へ** –(으)로.
- ☐ **元気** 元気だ げん·き·だ 건강하다.
- ☐ **ハツラツ** はつらつ 하츠라츠; 발랄.
- ☐ **溌剌** 溌剌だ はつ·らつ·だ 발랄하다.
- ☐ **オロナミンC** おろなみんC 오로나민C.
- ☐ **え** 어.
- ☐ **これ** 이것.
- ☐ **ハンドル** はんどる 핸들(handle).

제24과

日本は　裸足の　国です。

裸足の　美しさが　大事な　場面でも　その力を　発揮します。

裸足の　国の　角質ケア　ベビーフット。

새로운 단어

- □ **日本**　にっ·ぽん 일본.
- □ **は**　−은/는.
- □ **裸足**　はだし 맨발.
- □ **の**　−의. −의 것. −이(가).
- □ **国**　くに 나라.
- □ **です**　です −입니다.;−입(습)니다.
- □ **美しさ**　美しい うつく·しい 아름답다.
- □ **が**　−이/가.
- □ **大事な**　大事だ だい·じ·だ 중요하다.
- □ **場面**　ば·めん 장면.

日本は　裸足の　国です。

裸足の　美しさが　大事な　場面でも　その力を　発揮します。

裸足の　国の　角質ケア　ベビーフット。

새로운 단어

- ☐ **でも** –에서도.
- ☐ **その** 그.
- ☐ **力** ちから 힘.
- ☐ **を** –을. –를.
- ☐ **発揮し** 発揮する はっ·き·する 발휘하다.
- ☐ **ます** ます –입니다, –합니다.
- ☐ **角質** かく·しつ 각질.
- ☐ **ケア** けあ 케어(care).
- ☐ **ベビーフット** べびーふっと 베이비 풋(baby foot). ベビー는 ベイビー라고도 한다.

제25과

誰(だれ)かさんみたいに　なりたいとか　もう　言(い)わないよ。

キラメク　素肌(すはだ)で　進(すす)め、　女(おんな)の子(こ)。

女(おんな)の子(こ)が　選(えら)んだ　ナンバーワン。

MUSÉE PLATINUM(ミュゼ　プラチナム)。

새로운 단어

- ☐ **誰か** だれ·か 아무개. 누군가.
- ☐ **さん** –씨. –님.
- ☐ **みたいに** みたいだ (마치)–같다, –비슷하다.
- ☐ **なり** なる 되다. 변화하다.
- ☐ **たい** たい –하고 싶다.
- ☐ **とか** –라든가. –든지.
- ☐ **もう** 더; 곧; 이미.
- ☐ **言わ** 言う い·う 말하다.
- ☐ **ない** ない 부정: –지 않다. –지 아니하다.
- ☐ **よ** (주장, 다짐)–요; (감동, 영탄)–이야; (명령, 권유)–라구, –해요.
- ☐ **キラメク** きらめく 반짝이다.

誰かさんみたいに　なりたいとか　もう　言わないよ。

キラメク　素肌で　進め、　女の子。

女の子が　選んだ　ナンバーワン。

MUSÉE PLATINUM(ミュゼ　プラチナム)。

새로운 단어

- ☐ 素肌　す·はだ 맨살. 맨몸.
- ☐ で　－에서; －(으)로; －때문에.
- ☐ 進め　進む すす·む 나아가다. 앞으로 나가다.
- ☐ 女の子　おんな·の·こ 여자.
- ☐ が　－이/가.
- ☐ 選ん　選ぶ えら·ぶ 선택하다. 뽑다.
- ☐ だ　た －(이)었다, －(았/었)다.
- ☐ ナンバーワン　なんばーわん 넘버원(No.1).
- ☐ ミュゼ　プラチナム　みゅぜ ぷらちなむ 뮤제 프라치나무(뮈제 플래티넘 MUSÉE PLATINUM).

제26과

Meiji(明治(めいじ))。

きいてる　きいてる　私(わたし)に　きいてる。

きいてる　きいてる　あなたに　きいてる。

この果汁(かじゅう)　この噛(か)み心地(ごこち)。

イェイ。

私(わたし)に　果物(くだもの)　上(あ)げましょう。

Meiji果汁(かじゅう)グミ

새로운 단어

☐	明治	めい·じ 메이지.
☐	きい	きく 효과가 있다(効く); 듣다(聞く).
☐	て	−고, −(하여)서; −해서.
☐	る	いる 있다.
☐	私	わたし 저. 나.
☐	に	−에. −에게. −(이)가. −하러. −으로. −께서.
☐	あなた	(자기와 대등 또는 아랫사람에게)당신.

Meiji(明治)。

きいてる　きいてる　私に　きいてる。

きいてる　きいてる　あなたに　きいてる。

この果汁　この噛み心地。

イェイ。

私に　果物　上げましょう。

Meiji果汁グミ

새로운 단어

☐	**この**	이.
☐	**果汁**	か·じゅう 과즙.
☐	**噛み心地**	か·み·ごこち씹는맛. 씹는 느낌.
☐	**イェイ**	いぇい 예이.
☐	**果物**	くだ·もの 과일.
☐	**上げ**	上げる あ·げる 드리다. 바치다.
☐	**ましょ**	ます -입니다, -합니다.
☐	**う**	う 의지:-겠다; 권유:-하자; 추측:-ㄹ것이다, -겠지.
☐	**果汁グミ**	か·じゅう·ぐみ 과즙 구미(젤리).

제27과

売(う)り上(あ)げ　達成(たっせい)できたのは　山田君(やまだくん)の　お陰(かげ)だ。

どうも。

課長(かちょう)に　昇進(しょうしん)だ。

え？

おめでとう。

山田(やまだ)は　レベルが　上(あ)がった。

何(なに)　それ？

てことは、給料(きゅうりょう)も？

새로운 단어

- ☐ **売り上げ**　う·り·あ·げ 매상.
- ☐ **達成**　たっ·せい 달성.
- ☐ **でき**　できる –할 수 있다.
- ☐ **た**　た –(이)었다, –(았/었)다.
- ☐ **のは**　것은.
- ☐ **山田**　やま·だ 야마다.
- ☐ **君**　くん (동년배, 손아랫사람의 이름에 붙여 가벼운 높임)–군.
- ☐ **の**　–의. –의 것. –이(가).
- ☐ **お**　존경, 정중, 친밀함을 나타냄.
- ☐ **陰**　かげ 덕분; 그늘.
- ☐ **だ**　だ –(이)다.
- ☐ **どうも**　どうもありがとう 또는 どうもすみません의 준말.
- ☐ **課長**　か·ちょう 과장.
- ☐ **に**　–에. –에게. –(이)가. –하러. –으로. –께서.

売り上げ　達成できたのは　山田君の　お陰だ。

どうも。

課長に　昇進だ。

え？

おめでとう。

山田は　レベルが　上がった。

何　それ？

てことは、給料も？

새로운 단어

- ☐ **昇進** しょう·しん 승진.
- ☐ **え** 어.
- ☐ **おめでとう** 축하해(요).
- ☐ **は** –은/는.
- ☐ **レベル** れべる레벨.
- ☐ **が** –이/가.
- ☐ **上がっ** 上がる あ·がる 올라가다.
- ☐ **何** なに 무엇. 뭐.
- ☐ **それ** 그것.
- ☐ **て** って –라고 하는.
- ☐ **こと** 것.
- ☐ **給料** きゅう·りょう 급료.
- ☐ **も** –도; –나; –조차.

場(ば)をわきまえたまえ。

山田(やまだ)は　給料(きゅうりょう)が　上(あ)がった。

山田(やまだ)は　部下(ぶか)も　増(ふ)えた。

山田(やまだ)は　良(い)い席(せき)に　なった。

そして　山田(やまだ)は　自由(じゆう)に　早退(そうたい)できるように　なった。

てれれれててて。

３０年目(さんじゅうねんめ)のドラクエ　ドラゴンクエストヒーローズⅡ(Dragon quest HeroesⅡ)。

てれれれてててん。

プレイステーション。

새로운 단어

☐	場	ば자리. 장소.
☐	を	−을. −를.
☐	わきまえ	わきまえる 가리다. 구별하다.
☐	たまえ	たまう −하시다.
☐	が	−이/가.
☐	部下	ぶ·か 부하.
☐	増え	増える ふ·える 늘다. 늘어나다.
☐	良い	良い い·い 좋다.
☐	席	せき 자리.
☐	に	−에. −에게. −(이)가. −하러. −으로. −께서.
☐	なっ	なる 되다. 변화하다.
☐	そして	그리고.

場をわきまえたまえ。

山田は　給料が　上がった。

山田は　部下も　増えた。

山田は　良い席に　なった。

そして　山田は　自由に　早退できるように　なった。

てれれれててて。

３０年目のドラクエ　ドラゴンクエストヒーローズII(Dragon quest Heroes II)。

てれれれてててん。

プレイステーション。

새로운 단어

- [ ] 自由に　自由だ じ·ゆう·だ 자유롭다.
- [ ] 早退　そう·たい 조퇴.
- [ ] できる　できる -할 수 있다.
- [ ] ように　ようだ (「ように」로) -하도록, -하기를.
- [ ] てれれれててて　테레레레테테테.
- [ ] ３０年　さん·じゅう·ねん 30년.
- [ ] 目　め -째.
- [ ] ドラクエ　どらくえ 도라쿠에.
- [ ] ドラゴンクエストヒーローズII　どらごん くえすと ひーろーずII 드래곤 퀘스트 히어로즈II (Dragon Quest Heroes II).
- [ ] てれれれてててん　테레레레테테텐.
- [ ] プレイステーション　ぷれいすてーしょん 플레이스테이션(PlayStation).

제28과

噂(うわさ)に　なっても　いいよ。

坂道(さかみち)の下(した)で　あの日(ひ)　僕(ぼく)は　恋(こい)をした。

ねぇ、愛(あい)って　何(なん)だと　思(おも)う？

大好(だいす)きだよ。

本気(ほんき)で　恋(こい)する　スマホゲーム　乃木恋(のぎこい)。

새로운 단어

□	噂	うわさ 소문.
□	に	−에게. −(이)가. −하러. −으로. −께서.
□	なっ	なる 되다. 변화하다.
□	ても	−(해)도, −(하)더라도.
□	いい	いい 좋다.
□	よ	(주장, 다짐)−요; (감동, 영탄)−이야; (명령, 권유)−라구, −해요.
□	坂道	さか·みち 비탈길. 언덕길.
□	の	−의. −의 것. −이(가).
□	下	した 아래.
□	で	−에서; −(으)로; −때문에.
□	あの	저. 그.
□	日	ひ 날.
□	僕	ぼく 나.
□	は	−은/는.
□	恋	こい 사랑.
□	を	−을. −를.

噂に　なっても　いいよ。

坂道の下で　あの日　僕は　恋をした。

ねぇ、愛って　何だと　思う？

大好きだよ。

本気で　恋する　スマホゲーム　乃木恋。

새로운 단어

- [ ] し　する 하다.
- [ ] た　た -(이)었다, -(았/었)다.
- [ ] ねぇ　(남을 부르거나 친근함, 다짐할 때) 저. 네. 응.
- [ ] 愛　あい 사랑.
- [ ] って　-(이)라고, -라고 하는; -(이)란; 인용: -는대, 반문: -했다고.
- [ ] 何　なん 무엇. 뭐.
- [ ] だ　だ -(이)다.
- [ ] と　-라고.
- [ ] 思う　思う おも·う 생각하다.
- [ ] 大好きだ　大好きだ だい·す·きだ 아주 좋아하다. 아주 좋다.
- [ ] 本気　ほん·き 진심. 진실.
- [ ] で　-에서; -(으)로; -때문에.
- [ ] 恋する　恋する こい·する 사랑하다.
- [ ] スマホゲーム　すまほげーむ 스마트폰 게임(smart phone game).
- [ ] 乃木恋　の·ぎ·こい 노기코이.

제29과

ピップ。

あはあん　肩(かた)こる。

奥(おく)さん。

誰(だれ)？

抱(だ)っこや　おんぶで　肩(かた)こりの　ひどい　ママさんに

磁気(じき)の力(ちから)　エレキバンバンバン。

새로운 단어

☐	**ピップ**	ぴっぷ 핏푸.
☐	**あはあん**	아아.
☐	**肩**	かた 어깨.
☐	**こる**	こる 결리다.
☐	**奥さん**	おく·さん 부인; 아주머니.
☐	**誰**	だれ 누구.
☐	**抱っこ**	だ·っこ (유아어)안음. 안김.
☐	**や**	–(이)나. –(이)랑.
☐	**おんぶ**	(유아어)어부바. 업음.
☐	**で**	–에서; –(으)로; –때문에.

ピップ。

あはあん　肩こる。

奥さん。

誰？

抱っこや　おんぶで　肩こりの　ひどい　ママさんに

磁気の力　エレキバンバンバン。

새로운 단어

- ☐ **肩こり** かた·こり 어깨결림.
- ☐ **の** –의. –의 것. –이(가).
- ☐ **ひどい** ひどい 너무하다. 심하다.
- ☐ **ママ** まま 마마. 엄마.
- ☐ **さん** –씨. –님.
- ☐ **に** –에. –에게. –(이)가. –하러. –으로. –께서.
- ☐ **磁気** じ·き 자기.
- ☐ **力** ちから 힘.
- ☐ **エレキバンバンバン** えれきばんばんばん 에레키반반반.

うう～、凄(すご)い。

ババババババン。

薬剤(やくざい)を使(つか)わない血行改善(けっこうかいぜん)　ピップ　エレキバン。

嬉(うれ)しい。

새로운 단어

☐	**うう**	아아.
☐	**凄い**	凄い すご·い 대단하다; 굉장하다.
☐	**ババババババン**	ばばばばばん 바바바바반.
☐	**薬剤**	やく·ざい 약제.
☐	**を**	−을. −를.
☐	**使わ**	使う つか·う 쓰다. 사용하다.

うう～、凄い。

ババババババン。

薬剤を使わない血行改善　ピップ　エレキバン。

嬉しい。

새로운 단어

- [ ] **ない**　　ない 부정: −지 않다. −지 아니하다.
- [ ] **血行**　　けっ·こう 혈행. 피흐름.
- [ ] **改善**　　かい·ぜん 개선.
- [ ] **エレキバン**　　えれきばん 에레키반.
- [ ] **嬉しい**　　嬉しい うれ·しい 기쁘다.

제30과

あ、爪(つめ) 割(わ)れてる。

(ネイルしたいよ、ネイルしたいよ。)

その衝動(しょうどう)に　ポチッと　ネット予約(よやく)。

ネイルサロン予約(よやく)は　ホットペッパービューティー(HOT PEPPER Beauty)。

できた。

リクルート。

새로운 단어

- ☐ あ　아.
- ☐ 爪　つめ 손톱.
- ☐ 割れ　割れる わ·れる 부러지다. 쪼개지다.
- ☐ て　-고, -(하여)서; -해서.
- ☐ る　いる 있다.
- ☐ ネイル　ねいる 네일(nail).
- ☐ し　する 하다.
- ☐ たい　たい -하고 싶다.
- ☐ よ　(주장, 다짐)-요; (감동, 영탄)-이야; (명령, 권유)-라구, -해요.
- ☐ その　그.
- ☐ 衝動　しょう·どう 충동.

あ、爪　割れてる。

(ネイルしたいよ、ネイルしたいよ。)

その衝動に　ポチッと　ネット予約。

ネイルサロン予約は　ホットペッパービューティー(HOT PEPPER Beauty)。

できた。

リクルート。

새로운 단어

☐	に	−에. −에게. −(이)가. −하러. −으로. −께서.
☐	ポチッと	ぽちっと 클릭. 까딱. (지름).
☐	ネット	ねっと 넷. 인터넷(internet).
☐	予約	よ·やく 예약.
☐	サロン	さろん 샵. 살롱(프랑스어 salon).
☐	は	−은/는.
☐	ホットペッパービューティー	ほっとぺっぱーびゅーてぃー 핫 페퍼 뷰티(HOT PEPPER Beauty).
☐	でき	できる 다 되다. 완성되다.
☐	た	た −(이)었다, −(았/었)다.
☐	リクルート	りくるーと 리크루트(Recruit).

〈문 법 정 리 편 4〉

제4장(제1과–제30과)

4.1 동사의 활용

• 상1단동사([i]+る)

상1단동사는 동사의 종류에서 「기본형은 어미의 모음이 ウ단 음으로 끝난다」고 하였는데 ウ단 음을 중심으로 위쪽에 있는 イ단 한 개의 단(上1段)으로 활용하는 동사이다.

| 표 1 | 生きる의 **활용표**

미연형	生き	ない させる よう	生きない(살지 않다) 生きさせる(살게 만들다·살게 하다) 生きよう(살자·살겠다·살겠지)
연용형	生き	た ます	生きた(살았다) 生きます(삽니다)
종지형	生きる	。	生きる(살다)
연체형	生きる	とき	生きるとき(살 때)
가정형	生きれ	ば	生きれば(살면)
명령형	生き	ろ よ	生きろ(살아라) 生きよ(살아라)

| 표 2 | いるの 활용표

미연형	い	ない させる よう	いない(있지 않다=없다) いさせる(있게 만들다<하다>) いよう(있자·있겠다·있겠지)
연용형	い	た ます	いた(있었다) います(있습니다)
종지형	いる	。	いる(있다)
연체형	いる	とき	いるとき(있을 때)
가정형	いれ	ば	いれば(있으면)
명령형	い	ろ よ	いろ(있어라) いよ(있어라)

| 표 3 | みる(見る)의 활용표

미연형	み	ない させる よう	みない(보지 않다) みさせる(보게 만들다) みよう(보자·보겠다·보겠지)
연용형	み	た ます	みた(보았다) みます(봅니다)
종지형	みる	。	みる(보다)
연체형	みる	とき	みるとき(볼 때)
가정형	みれ	ば	みれば(보면)
명령형	み	ろ よ	みろ(보아라) みよ(보아라)

3　何してるの？　　いる

8　ナシのままで、生きてゆく。　　生きる

9　まだ　言ってるの？　　いる

9	そんな人　いません。	いる
9	いるよね。	いる
9	いる、いる、セーラームーン。	いる
9	馬鹿にしてるだろう。	いる
12	あ、いた。	いる
12	軽自動車　探しているんだけど、見つからなくて　出してよ　ドラえもん。	いる
12	あれ　何で　コンパニオンの格好しているの　ドラえもん。	いる
12	だから　ドラえもんじゃないって言ってるんでしょう。	いる
13	鉄分　足りてる？。	足りる
13	鉄分　足りてる？。	いる
16	いいから食べてみろって。	みる
18	わ～　盛り上がっていますね。	いる
18	僻んでいるんですか。	いる
20	その瞳　その瞳　大人すぎる。	すぎる
20	その瞳　やっぱり　ピュアすぎる。	すぎる
20	だから　瞳に　クリアすぎる　透明感。	すぎる
22	ね？　ツー　知ってる？	いる
22	知ってる。	いる
26	きいてる　きいてる　私に　きいてる。	いる
26	きいてる　きいてる　あなたに　きいてる。	いる
27	売り上げ　達成できたのは　山田君の　お陰だ。	できる
27	そして　山田は　自由に　早退できるように　なった	できる
30	あ、爪　割れてる。	いる
30	できた。	できる

- **하1단동사([e]+る)**

하1단동사는 ウ단 음을 중심으로 아래쪽에 있는 エ단 한 개의 단(下1段)으로 활용하는 동사이다.

| 표 4 | 食べる**의 활용표**

미연형	食べ	ない させる よう	食べない(먹지 않다) 食べさせる(먹게 만들다) 食べよう(먹자·먹겠다·먹겠지)
연용형	食べ	た ます	食べた(먹었다) 食べます(먹습니다)
종지형	食べる	。	食べる(먹다)
연체형	食べる	とき	食べるとき(먹을 때)
가정형	食べれ	ば	食べれば(먹으면)
명령형	食べ	ろ よ	食べろ(먹어라) 食べよ(먹어라)

1	皆さん　卒業しても　これだけは　忘れないで下さい。	忘れる
5	三日ぶりに　出る、出る、出る。	出る
6	あばれる君を　クルマ買える君に。	暴れる
7	それが　日経電子版　始めてから　ガ～って。	始める
7	お前ら　今　始めないと　いつ　始めるんだ。	始める
11	グルメの玉子　きよらで　作った　お布団を　私にかけてください。	かける
12	はぐれちゃったな。	はぐれる
12	ああ、出してくれたんだ　ドラえもん。	くれる
13	本気なのさ　グミサプリ　続けるひとの　グミサプリ。	続ける
15	また　一つ　財宝を　手に入れた、	入れる

15 でも、ふと　考えてしまう。 考える

16 いいから食べてみろって。 食べる

19 ド派手に　技を　決めまくれ！ 決める

20 (橋本環奈)環奈　パッケージ　出た。 出る

21 バイトの　応募先の　人から　かけてもらった　電話
取れなかったらと　思うと　ぞっとします。 かける

22 倒れるだけで　腹筋　Wonder Core 2 (ワンダーコア 2)。 倒れる

26 私に　果物　上げましょう。 上げる

27 場をわきまえたまえ。 わきまえる

27 山田は　部下も　増えた。 増える

30 あ、爪　割れてる。 割れる

- **5단동사([i/e]+る 이외)**

5단동사는 ア·イ·ウ·エ·オ 다섯 개의 단 모두로 활용(변화)하는 동사이다.

| 표 5 | 選ぶ의 **활용표**

미연형	選ば·ぼ	ない せる う	選ばない(고르지 않다) 選ばせる(고르게만들다) 選ぼう(고르자·고르겠다·고르겠지)
연용형	選び	た ます	**選んだ**(골랐다) 選びます(고릅니다)
종지형	選ぶ	。	選ぶ(고르다)
연체형	選ぶ	とき	選ぶとき(고를 때)
가정형	選べ	ば	選べば(고르면)
명령형	選べ		選べ(골라라)

| 표 6 | 買う의 **활용표**

미연형	買わ·買お	ない せる う	買わない(사지 않다) 買わせる(사게 만들다) 買おう(사자·사겠다·사겠지)
연용형	買い	た ます	**買った**(샀다) 買います(삽니다)
종지형	買う	。	買う(사다)
연체형	買う	とき	買うとき(살 때)
가정형	買え	ば	買えば(사면)
명령형	買え		買え(사라)

2	僕も　格好良くなりたいな～。	なる
2	飲めばそうなるんだ。	飲む
2	飲めばそうなるんだ。	なる
2	へい、　彼女　ドライブ　行かない？	行く
2	のびたさん、　また　こんなの　飲んで。	飲む
2	NOAHが　格好良くなったんで　つい。	なる
2	そんなこと　言ってないけど。	言う
3	これ　お餅　入ってない。	入る
4	いろいろ　試したけど　エステが　一番。	試す
6	じゃ　買えば。	買う
8	ナシのままで、生きてゆく。	ゆく
9	今年も　良いこと　ありますようにって。	ある
9	まだ　言ってるの？	言う
9	お、あれ　セーラームーンの店で　もらったぞ。	もらう
9	ソフトバンクのお店で　もらったの。	もらう

9	お店で　新春グッズ　当る！	当る
10	放送席　放送席　勝ちました。	勝つ
10	声が変わられました？	変わる
10	ギガ学割で　200ギガ　締め切り　迫る。	迫る
11	グルメの玉子　きようらで　作った　お布団を 私にかけてください。	作る
11	いただきます。	いただく
12	探したよ、ドラえもん。	探す
12	軽自動車　探しているんだけど、見つからなくて 出してよドラえもん。	探す
12	軽自動車　探しているんだけど、見つからなくて 出してよドラえもん。	見つかる
12	軽自動車　探しているんだけど、見つからなくて 出してよドラえもん。	出す
12	だから　ドラえもんじゃないって言ってるんでしょう。	言う
12	ああ、出してくれたんだ　ドラえもん。	出す
14	足のむくみに　飲む　むくみ取り　ムクトレール。	飲む
14	こりゃ　勝手に　トレール　飲むな。	飲む
14	分かりやすいでしょう。	分かる
14	飲ませて。	飲む
14	飲まないで。	飲む
14	飲ませて。	飲む
14	飲むな。	飲む
15	でも、ふと　考えてしまう。	しまう
16	(カップ麺の　概念　ひっくり返る)次々　引っくり返る マルチャン　正麺カップ。	ひっくり返る

16 びっくらこいた？ びっくらこく

17 始まるよ。 始まる

18 わ～　盛り上がっていますね。 盛り上がる

18 僻んでいるんですか。 僻む

19 ド派手に　技を　決めまくれ！ まくる

20 どう？　馴染みました。　ロート。 馴染む

21 バイトの　応募先の　人から　かけてもらった　電話
取れなかったらと　思うと　ぞっとします。 もらう

21 バイトの　応募先の　人から　かけてもらった　電話
取れなかったらと　思うと　ぞっとします。 思う

21 電車に　乗って。 乗る

22 ね？　ツー　知ってる？ 知る

22 知ってる。 知る

23 買ってきたわよ。 買う

23 何があっても前へ。 ある

25 誰かさんみたいに　なりたいとか　もう　言わないよ。 なる

25 誰かさんみたいに　なりたいとか　もう　言わないよ。 言う

25 キラメク　素肌で　進め、　女の子。 きらめく

25 キラメク　素肌で　進め、　女の子。 進む

25 女の子が　選んだ　ナンバーワン。 選ぶ

26 きいてる　きいてる　私に　きいてる。 きく

26 きいてる　きいてる　あなたに　きいてる。 きく

27 山田は　レベルが　上がった。 上がる

27 場をわきまえたまえ。 たまう

27 山田は　給料が　上がった。 上がる

27 山田は　良い席に　なった。 なる

27 そして　山田は　自由に　早退できるように　なった　なる
28 噂に　なっても　いいよ。　なる
28 ねぇ、愛って　何だと　思う？　思う
29 あはあん　肩こる。　こる
29 薬剤を使わない血行改善　ピップ　エレキバン。　使う

• 다음 동사를 활용시켜 보자.

起きる	消える	帰る	使う
借りる	勤める	飛ぶ	着く
着る	出る	出す	作る
見る	並べる	立つ	困る
降りる	見せる	頼む	

• **변격동사**

변격동사에는 カ行変格動詞(来る)와 サ行変格動詞(する)가 있는데 일정한 규칙이 없이 활용하는 동사이다.

| 표 7 | 来る의 **활용표**

미연형	こ	ない させる よう	こない(오지 않다) こさせる(오게 만들다) こよう(오자·오겠다·오겠지)
연용형	き	た ます	きた(왔다) きます(옵니다)
종지형	くる	。	くる(오다)
연체형	くる	とき	くるとき(올 때)
가정형	くれ	ば	くれば(오면)
명령형	こい		こい(오라)

| 표 8 | する의 **활용표**

미연형	し·せ·さ·さ·し	ない ぬ れる せる よう	しない(하지 않는다) せぬ(하지 않는다) される(수동·자발·존경·가능) させる(시키다/사역) しよう(하자·하겠다·하겠지)
연용형	し	た ます	した(했다) します(합니다)
종지형	する	。	する(하다)
연체형	する	とき	するとき(할 때)
가정형	すれ	ば	すれば(하면)
명령형	し·せ	ろ よ	しろ(해라<회화체>) せよ(해라<문장체>)

4.2 가능동사(可能動詞 かのうどうし)

- **5단활용동사**가 본래의 의미에 더하여 「-할 수 있다」의 의미를 지니게 된 것을 가능동사라고 한다.
- 가능동사 만드는 법: 동사 기본형의 어미 [u]를 [e]로 바꾸고 る를 붙인다.
  ☞ **[u] ⇒ [e]+る**
- 가능동사는 하1단동사가 되어 하1단활용을 하며 명령형이 없다.
- 목적어가 올 때는 일반적으로 を대신에 が를 사용한다.

3　鬼甘い　汁粉　もらえます。　もらえる

6　もしも　私が　車を　持てたら、海まで　ドライブ　行けた。持てる

6　もしも　私が　車を　持てたら、海まで　ドライブ　行けた。行ける

6	あばれる君を　クルマ買える君に。	買える
10	飼えないよ、こんなデカイの	飼える
17	軽く　背負えて　ずっと　丈夫　ててんてん　天使の羽。	背負える
19	セブンナイツ　今　もらえる。	もらえる
21	バイトの　応募先の　人から　かけてもらった　電話 取れなかったらと　思うと　ぞっとします。	取れる

• 다음 동사를 가능동사로 바꾸어 보자.

帰る	使う	飛ぶ	着く
出す	作る	立つ	頼む

4.3 동사의 음편(音便 おんびん)

• **5단활용동사**가 활용할 때 뒤에 「て·た·たり」 등에 연결될 때 발음을 편하게 하기 위해 일어나는 현상을 음편이라고 한다. ☞ **6.1. 참고**

て

2	そんなこと　言ってないけど。	言っ	言う
3	これ　お餅　入ってない。	入っ	入る
9	まだ　言ってるの？	言っ	言う
12	だから　ドラえもんじゃないって言ってるんでしょう。	言っ	言う
18	わ～　盛り上がっていますね。	盛り上がっ	盛り上がる
21	電車に　乗って。	乗っ	乗る
22	ね？　ツー　知ってる？	知っ	知る

22	知ってる。	知っ	知る
23	買ってきたわよ。	買っ	買う
23	何があっても前へ。	あっ	ある
26	きいてる　きいてる　私に　きいてる。	きい	きく
26	きいてる　きいてる　あなたに　きいてる。	きい	きく
28	噂に　なっても　いいよ。	なっ	なる

で

2	のびたさん、　また　こんなの　飲んで。	飲ん	飲む
18	僻んでいるんですか。	僻ん	僻む

た

2	NOAHが　格好良くなったんで　つい。	なっ	なる
9	お、あれ　セーラームーンの店で　もらったぞ。	もらっ	もらう
9	ソフトバンクのお店で　もらったの。	もらっ	もらう
11	グルメの玉子　きよらで　作った　お布団を 私にかけてください。	作っ	作る
16	びっくらこいた？	びっくらこい	びっくらこく
21	バイトの　応募先の　人から　かけてもらった　電話 取れなかったらと　思うと　ぞっとします。	もらっ	もらう
27	山田は　レベルが　上がった。	上がっ	上がる
27	山田は　給料が　上がった。	上がっ	上がる
27	山田は　良い席に　なった。	なっ	なる
27	そして　山田は　自由に　早退できるように なった。	なっ	なる

だ

25	女の子が　選んだ　ナンバーワン。	選ん	選ぶ

4.4 자동사(自動詞 じどうし)와 타동사(他動詞 たどうし)

- 그 자신이 동작이나 작용을 나타내는 동사를 자동사라고 하고, 다른 것에 동작이나 작용이 미치는 동사를 타동사라고 한다. 자동사 앞에는 が가 오고, 타동사 앞에는 を가 온다.

1	皆さん　卒業しても　これだけは　忘れないで下さい。	する	(자)
1	皆さん　卒業しても　これだけは　忘れないで下さい。	忘れる	(타)
1	バイトするなら、タウンワーク。	する	(자)
1	バイトするなら、タウンワーク。	する	(자)
1	バイトするなら、タウンワーク。タウンワーク。	する	(자)
2	僕も　格好良くなりたいな～。	なる	(자)
2	飲めばそうなるんだ。	飲む	(타)
2	飲めばそうなるんだ。	なる	(자)
2	へい、　彼女　ドライブ　行かない？	行く	(자)
2	のびたさん、　また　こんなの　飲んで。	飲む	(타)
2	NOAHが　格好良くなったんで　つい。	なる	(자)
2	そんなこと　言ってないけど。	言う	(타)
3	何してるの？	する	(타)
3	何してるの？	いる	(자)
3	これ　お餅　入ってない。	入る	(자)
4	いろいろ　試したけど　エステが　一番。	試す	(타)

6	じゃ　買えば。	買う　(타)
6	あばれる君を　クルマ買える君に。	暴れる(자)
7	それが　日経電子版　始めてから　ガ～って。	始める(타)
7	お前ら　今　始めないと　いつ　始めるんだ。	始める(타)
7	お前ら　今　始めないと　いつ　始めるんだ。	始める(다)
9	今年も　良いこと　ありますようにって。	ある　(자)
9	まだ　言ってるの？	言う　(타)
9	まだ　言ってるの？	いる　(자)
9	お、あれ　セーラームーンの店で　もらったぞ。	もらう(타)
9	ソフトバンクのお店で　もらったの。	もらう(타)
9	そんな人　いません。	いる　(자)
9	いるよね。	いる　(자)
9	いる、いる、セーラームーン。	いる　(자)
9	いる、いる、セーラームーン。	いる　(자)
9	馬鹿にしてるだろう。	する　(타)
9	馬鹿にしてるだろう。	いる　(자)
9	お店で　新春グッズ　当る！	当る　(자)
10	放送席　放送席　勝ちました。	勝つ　(자)
10	声が変わられました？	変わる(자)
10	ギガ学割で　200ギガ　締め切り　迫る。	迫る　(자)
11	グルメの玉子　きよらで　作った　お布団を 私にかけてください。	作る　(타)
11	グルメの玉子　きよらで　作った　お布団を 私にかけてください。	かける(타)
11	いただきます。	いただく(타)
12	はぐれちゃったな。	はぐれる(자)

12	あ、いた。	いる　(자)
12	探したよ、ドラえもん。	探す　(타)
12	軽自動車　探しているんだけど、見つからなくて　出してよ ドラえもん。	探す　(타)
12	軽自動車　探しているんだけど、見つからなくて　出してよ ドラえもん。	いる　(자)
12	軽自動車　探しているんだけど、見つからなくて　出してよ ドラえもん。	見つかる (자)
12	軽自動車　探しているんだけど、見つからなくて　出してよ ドラえもん。	出す　(타)
12	あれ　何で　コンパニオンの格好しているの　ドラえもん。	する　(자)
12	あれ　何で　コンパニオンの格好しているの　ドラえもん。	いる　(자)
12	だから　ドラえもんじゃないって言ってるんでしょう。	言う　(타)
12	だから　ドラえもんじゃないって言ってるんでしょう。	いる　(자)
12	ああ、出してくれたんだ　ドラえもん。	出す　(타)
13	鉄分　足りてる？。	足りる (자)
13	鉄分　足りてる？。	いる　(자)
13	本気なのさ　グミサプリ　続けるひとの　グミサプリ。	続ける (타)
14	足のむくみに　飲む　むくみ取り　ムクトレール。	飲む　(타)
14	こりゃ　勝手に　トレール　飲むな。	飲む　(타)
14	分かりやすいでしょう。	分かる (자)
14	飲ませて。	飲む　(타)
14	飲まないで。	飲む　(타)
14	飲ませて。	飲む　(타)
14	飲むな。	飲む　(타)
15	また　一つ　財宝を　手に入れた、	入れる (타)

15 当たり前の　幸せを　犠牲にして。 する (타)

15 でも、ふと　考えてしまう。 考える(타)

16 いいから食べてみろって。 食べる(타)

16 いいから食べてみろって。 みる (타)

16 (カップ麺の　概念　ひっくり返る)次々　引っくり返る
マルチャン　正麺カップ。 ひっくり返る (자)

16 (カップ麺の　概念　ひっくり返る)次々　引っくり返る
マルチャン　正麺カップ。 ひっくり返る (자)

16 びっくらこいた？ びっくらこく (자)

17 始まるよ。 始まる(자)

17 ６年生まで　型崩れしませんでした。 する (자)

18 わ～　盛り上がっていますね。 盛り上がる (자)

18 わ～　盛り上がっていますね。 いる (자)

18 僻んでいるんですか。 僻む (자)

18 僻んでいるんですか。 いる (자)

19 そして　高く　ジャンプして。 する (자)

19 ド派手に　技を　決めまくれ！ 決める(타)

20 (橋本環奈)環奈　パッケージ　出た。 出る (자)

20 どう？ 馴染みました。　ロート。 馴染む(자)

21 バイトの　応募先の　人から　かけてもらった　電話
取れなかったらと　思うと　ぞっとします。 かける (타)

21 バイトの　応募先の　人から　かけてもらった　電話
取れなかったらと　思うと　ぞっとします。 もらう (타)

21 バイトの　応募先の　人から　かけてもらった　電話
取れなかったらと　思うと　ぞっとします。 思う (타)

21 バイトの　応募先の　人から　かけてもらった　電話

	取れなかったらと 思うと ぞっとします。	する	(자)
21	電車に 乗って。	乗る	(자)
22	ね? ツー 知ってる?	知る	(타)
22	ね? ツー 知ってる?	いる	(자)
22	知ってる。	知る	(타)
22	知ってる。	いる	(자)
22	倒れるだけで 腹筋 Wonder Core 2 (ワンダーコア 2)。	倒れる	(자)
23	買ってきたわよ。	買う	(타)
23	買ってきたわよ。	来る	(자)
23	何があっても前へ。	ある	(자)
24	裸足の 美しさが 大事な 場面でも その力を 発揮します。	発揮する	(타)
25	誰かさんみたいに なりたいとか もう 言わないよ。	なる	(자)
25	誰かさんみたいに なりたいとか もう 言わないよ。	言う	(타)
25	キラメク 素肌で 進め、 女の子。	きらめく	(자)
25	キラメク 素肌で 進め、 女の子。	進む	(자)
25	女の子が 選んだ ナンバーワン。	選ぶ	(타)
26	きいてる きいてる 私に きいてる。	きく	(타)
26	きいてる きいてる 私に きいてる。	いる	(자)
26	きいてる きいてる 私に きいてる。	きく	(타)
26	きいてる きいてる 私に きいてる。	いる	(자)
26	きいてる きいてる 私に きいてる。	きく	(타)
26	きいてる きいてる 私に きいてる。	いる	(자)
26	きいてる きいてる あなたに きいてる。	きく	(타)
26	きいてる きいてる あなたに きいてる。	いる	(자)
26	きいてる きいてる あなたに きいてる。	きく	(타)

26	きいてる　きいてる　あなたに　きいてる。	いる　(자)
26	きいてる　きいてる　あなたに　きいてる。	きく　(타)
26	きいてる　きいてる　あなたに　きいてる。	いる　(자)
26	私に　果物　上げましょう。	上げる (타)
27	売り上げ　達成できたのは　山田君の　お陰だ。	できる (자)
27	山田は　レベルが　上がった。	上がる (자)
27	場をわきまえたまえ。	わきまえる (타)
27	山田は　給料が　上がった。	上がる (자)
27	山田は　部下も　増えた。	増える (자)
27	山田は　良い席に　なった。	なる　(자)
27	そして　山田は　自由に　早退できるように　なった	できる (자)
27	そして　山田は　自由に　早退できるように　なった	なる　(자)
28	噂に　なっても　いいよ。	なる　(자)
28	坂道の下で　あの日　僕は　恋をした。	する　(타)
28	ねぇ、愛って　何だと　思う？	思う　(타)
28	本気で　恋する　スマホゲーム　乃木恋。	恋する (자)
29	あはあん　肩こる。	こる　(자)
29	薬剤を使わない血行改善　ピップ　エレキバン。	使う　(타)
30	あ、爪　割れてる。	割れる (자)
30	あ、爪　割れてる。	いる　(자)
30	(ネイルしたいよ、ネイルしたいよ。)	する　(자)
30	(ネイルしたいよ、ネイルしたいよ。)	する　(자)
30	できた。	できる (자)

4.5 조건 표현 と·ば·たら·なら「~면」

と

7 お前ら　今　始めないと　いつ　始めるんだ。

21 バイトの　応募先の　人から　かけてもらった　電話　取れなかったらと　思うと　ぞっとします。

ば

2 飲めばそうなるんだ。

6 じゃ　買えば。

たら

6 もしも　私が　車を　持てたら、海まで　ドライブ　行けた。

21 バイトの　応募先の　人から　かけてもらった　電話　取れなかったらと　思うと　ぞっとします。

なら

1 バイトするなら、タウンワーク。

1 バイトするなら、タウンワーク。タウンワーク。

18 話題のスマホも　学生なら　１,９８０。

20 リセなら　瞳すみずみ　充血ケア。

21 ライン応募なら　やりとり　簡単ですよ。

| 표 9 | と·ば·たら·なら

	春になる~桜が咲く	できる~行きたい	走る~疲れた	帰る~窓を閉めなさい
ば	春になれば桜が咲く	できれば行きたい	x	x
と	春になると桜が咲く	x	x	x
たら	春になったら桜が咲く	できたら行きたい	走ったら疲れた	帰ったら窓を閉めなさい
なら	x	できるなら行きたい	x	帰るなら窓を閉めなさい

4.6 단정(断定 だんてい)의 조동사 だ「~(이)다」

- 체언과 조사에 접속
- だろう·でない/である/だった·だ·だ(な)·なら(ば)·○

| 표 10 | 단정의 조동사 だ의 활용표

미연형	だろ	う	幸せだろう(행복이겠지)
연용형	で·で·だ	 ない ある った	幸せで(행복이고·행복이며) 幸せでない(행복이 아니다) 幸せである(행복이다) 幸せだった(행복이었다)
종지형	だ	。	幸せだ(행복이다)
연체형	だ·な		幸せだこと(행복이야) 幸せなのは(행복인 것은)
가정형	なら	(ば)	幸せなら(ば)(행복이면)
명령형			

1 バイトするなら、タウンワーク。 なら
2 飲めばそうなるんだ。 だ
3 鬼だね。 だ
5 もう　ちょっとだったのに。 だっ
7 この人　昔は　ただの　田中だったの。 だっ
7 お前ら　今　始めないと　いつ　始めるんだ。 だ
9 何だ　夢か? だ
9 馬鹿にしてるだろう。 だろ
10 元々だよ。 だ
10 何だ、それ。 だ
12 軽自動車　探しているんだけど、見つからなくて　出してよ
ドラえもん。 だ

12	ああ、出してくれたんだ　ドラえもん。	だ
12	あ　ドラえもんだよ。	だ
13	サプリなのさ　グミサプリ　グミのサプリ　グミサプリ、	な
13	本気なのさ　グミサプリ　続けるひとの　グミサプリ。	な
16	だろう。	だろ
18	話題のスマホも学生なら　１,９８０。	なら
20	リセなら　瞳すみずみ　充血ケア。	なら
22	良いんだよ　ツー。	だ
22	良いんだよ。	だ
22	ツーって　何なんだよ？	だ
23	何だ、　このちゃぶ台。	だ
27	売り上げ　達成できたのは　山田君の　お陰だ。	だ
27	課長に　昇進だ。	だ
28	ねぇ、愛って　何だと　思う？	だ

4.7 から의 용법 구별

- 격조사「から」와 접속조사「から」

7	それが　日経電子版　始めてから　ガ～って。	(격조사)
12	ドラえもんじゃないから。	(접속조사)
16	いいから食べてみろって。	(접속조사)
21	バイトの　応募先の　人から　かけてもらった　電話 取れなかったらと　思うと　ぞっとします。	(격조사)

4.8 と의 용법 구별

• 격조사 「と」와 접속조사 「と」

7　お前ら　今　始めないと　いつ　始めるんだ。　(접속조사)

21　バイトの　応募先の　人から　かけてもらった　電話
取れなかったらと　思うと　ぞっとします。　(격조사)

21　バイトの　応募先の　人から　かけてもらった　電話
取れなかったらと　思うと　ぞっとします。　(접속조사)

4.9 격조사 や: 「~(이)랑·~와(과)」

• 병렬의 뜻을 나타낸다.

29　抱っこや　おんぶで　肩こりの　ひどい　ママさんに

庭のチューリップには赤いのや黄色いのがあった。
東京や京都。

제31과

何かを　成し遂げるには　常識を　打ち破らなければならない。
なに　な　と　じょうしき　う　やぶ

高精細な　ディスプレイで　今まで　見えなかった　世界を。
こうせいさい　いま　み　せかい

進化した　ペンで　かつて　ない　作品を。
しんか　さくひん

新しい　スピーカーで　迫力の　サウンドを。
あたら　はくりょく

새로운 단어

- □ **何か** なに·か 무언가. 뭔가.
- □ **を** −을. −를.
- □ **成し遂げる** 成し遂げる な·し·と·げる 이루다. 거두다.
- □ **には** −에는. −하기 위해서는(~するために)
- □ **常識** じょう·しき 상식.
- □ **打ち破ら** 打ち破る う·ち·やぶ·る 부수다. 때려부수다. 깨뜨(트)리다.
- □ **なければならない** −해야 한다.(−하지 않으면 안 된다).
- □ **高精細な** 高精細だ こう·せい·さい·だ 고선명하다. 아주 선명하다.
- □ **ディスプレイ** でぃすぷれい 디스플레이(display).
- □ **で** −에서; −(으)로; −때문에.
- □ **今** いま 지금.
- □ **まで** −까지.
- □ **見え** 見える み·える 보이다.

何かを　成し遂げるには　常識を　打ち破らなければならない。

高精細な　ディスプレイで　今まで　見えなかった　世界を。

進化した　ペンで　かつて　ない　作品を。

新しい　スピーカーで　迫力の　サウンドを。

새로운 단어

- ☐ **なかっ** ない 부정: -지 않다. -지 아니하다.
- ☐ **た** た -(이)었다, -(았/었)다.
- ☐ **世界** せ·かい 세계.
- ☐ **進化し** 進化する しん·か·する 진화하다.
- ☐ **ペン** ぺん 펜(pen).
- ☐ **かつて** 일찍이. 이전에.
- ☐ **ない** ない 없다.
- ☐ **作品** さく·ひん 작품.
- ☐ **新しい** 新しい あたら·しい 새롭다.
- ☐ **スピーカー** ぴーかー 스피커(speaker).
- ☐ **迫力** はく·りょく 박력.
- ☐ **の** -의. -의 것. -이(가).
- ☐ **サウンド** さうんど 사운드(sound).

私たち(わたし)が 作(つく)り替(か)えた サーフェス プロ4で あなたは 何(なに)を 作(つく)り替(か)えていくんだろう。

サーフェス プロ4(Surface Pro4) 新登場(しんとうじょう)。

(これさえあれば、何(なに)も要(い)らない。)

새로운 단어

- ☐ **私たち** わたし·たち 저희(들). 우리(들).
- ☐ **が** −이/가.
- ☐ **作り替え** 作り替える つく·り·か·える 새로 만들다. 고쳐 만들다.
- ☐ **サーフェス プロ4** さーふぇす ぷろ4 서피스 프로4(Surface Pro4).
- ☐ **あなた** (자기와 대등 또는 아랫사람에게)당신.
- ☐ **は** −은/는.
- ☐ **何** なに 무엇. 뭐.
- ☐ **て** −고, −(하여)서; −해서.
- ☐ **いく** いく (보조동사)−하고 가다; −해 가다.
- ☐ **ん** の 것.

私たちが　作り替えた　サーフェス　プロ4で　あなたは　何を　作り替えていくんだろう。

サーフェス　プロ4(Surface Pro4)　新登場。

(これさえあれば、何も要らない。)

새로운 단어

- だろ　　だ -(이)다.
- う　　う 의지:-겠다; 권유:-하자; 추측:-ㄹ것이다, -겠지.
- 新　　しん 신-. 새-.
- 登場　　とう·じょう 등장.
- これ　　이것.
- さえ　　만. 뿐.
- あれ　　ある 있다.
- ば　　(가정)-면.
- も　　-도; -나; -조차.
- 要ら　　要る い·る 필요하다.
- ない　　ない 부정: -지 않다. -지 아니하다.

제32과

日本(にほん)の冬(ふゆ)は寒(さむ)いですから　うがい　手洗(てあら)い　ロッテの喉飴(のどあめ)を。

のど飴(あめ)？

うがい　手洗(てあら)い　ロッテののど飴(あめ)を。

とにかく　うがい　(手洗(てあら)い)。

Why Japanese！

厳選(げんせん)ハーブブレンド　ロッテののど飴(あめ)。

喉(のど)。

すっきり。

새로운 단어

☐	日本	に·ほん 일본.
☐	の	−의. −의 것. −이(가).
☐	冬	ふゆ 겨울.
☐	は	−은/는.
☐	寒い	寒い さむ·い 춥다.
☐	です	です −입니다.;−입(습)니다.
☐	から	때문에.
☐	うがい	양치. 양치질. 가글.
☐	手洗い	て·あら·い 손씻기.

日本の冬は寒いですから　うがい　手洗い　ロッテの喉飴を。

のど飴？

うがい　手洗い　ロッテののど飴を。

とにかく　うがい　(手洗い)。

Why Japanese！

厳選ハーブブレンド　ロッテののど飴。

喉。

すっきり。

새로운 단어

- ☐ **ロッテ** ろって 롯데(LOTTE).
- ☐ **喉飴** のど·あめ 목사탕. 목캔디.
- ☐ **を** −을. −를.
- ☐ **のど飴** のど·あめ 목사탕. 목캔디.
- ☐ **とにかく** 어쨌든. 아무튼.
- ☐ **厳選** げん·せん 엄선.
- ☐ **ハーブブレンド** はーぶぶれんど 허브 블렌드(herb blend).
- ☐ **喉** のど 목.
- ☐ **すっきり** 상쾌하게. 후련하게.

제33과

イオン。

大掃除(おおそうじ)は　プロに　任(まか)せよう。

丸(まる)ごと　イオンに　任(まか)せよう。

取(と)る、溶(と)かす、剥(は)がす、落(お)とす、きれいです。

取(と)る、溶(と)かす、剥(は)がす、落(お)とす、きれいです。

プロの技(わざ)で　お家(うち)　ピカピカ、　お陰(かげ)で　家族(かぞく)は　のびのび。

取(と)る、溶(と)かす、剥(は)がす、落(お)とす、きれいです。

새로운 단어

- □ **イオン** いおん 이온(AEON).
- □ **大掃除** おお·そう·じ 대청소.
- □ **は** −은/는.
- □ **プロ** ぷろ 프로(professional).
- □ **に** −에. −에게. −(이)가. −하러. −으로. −께서.
- □ **任せよ** 任せる まか·せる 맡기다.
- □ **丸ごと** まる·ごと 통째. 몽땅. 온통.
- □ **取る** 取る と·る 제거하다.
- □ **溶かす** 溶かす と·かす 녹이다.
- □ **剥がす** 剥がす は·がす 벗기다.
- □ **落とす** 落とす お·とす 빼다. 없애다. 떨어뜨리다.

イオン。

大掃除は　プロに　任せよう。

丸ごと　イオンに　任せよう。

取る、溶かす、剥がす、落とす、きれいです。

取る、溶かす、剥がす、落とす、きれいです。

プロの技で　お家　ピカピカ、　お陰で　家族は　のびのび。

取る、溶かす、剥がす、落とす、きれいです。

새로운 단어

□	きれい	きれいだ 깨끗하다.
□	です	です −입니다.;−입(습)니다.
□	の	−의. −의 것. −이(가).
□	技	わざ 기술. 테크닉.
□	で	−에서; −(으)로; −때문에.
□	お	존경, 정중, 친밀함을 나타냄.
□	家	うち 집.
□	ピカピカ	ぴかぴか 번쩍번쩍. 반짝반짝. 반들반들.
□	陰	かげ 덕분; 그늘.
□	家族	か·ぞく 가족.
□	のびのび	쭉쭉; 느긋느긋.

磨く、吊る、笑う。
みが　つ　わら

選べる　お掃除　サービス　まとめて　お得。
えら　そうじ　とく

イオンの　家事宅。
かじたく

새로운 단어

- □ 磨く　磨く みが·く 문질러딱다.
- □ 吊る　吊る つ·る 매달다.
- □ 笑う　笑う わら·う 웃다.
- □ 選べる　選べる えら·べる 선택할 수 있다.
- □ 掃除　そう·じ 청소.

磨く、吊る、笑う。

選べる　お掃除　サービス　まとめて　お得。

イオンの　家事宅。

새로운 단어

- [ ] **サービス**　さーびす 서비스(service).
- [ ] **まとめ**　まとめる 한데 모으다.
- [ ] **て**　–고, –(하여)서; –해서.
- [ ] **得**　とく 이익. 득.
- [ ] **家事宅**　か·じ·たく 가사 택배.

제34과

偉(えら)いね、お嬢(じょう)ちゃん。

お嬢(じょう)ちゃんの　使用済(しようず)みの　カートリッジ　おじいさんは　立派(りっぱ)な　エコリカに　するからね。

ママ、変(へん)な　おじいさん。

おじいさん　変(へん)じゃないよ。

だから　エコリカ　絶対(ぜったい)　もらえる。

새로운 단어

☐	**偉い**	偉い えら·い 훌륭하다. 굉장하다. 엄청나다.
☐	**ね**	(가벼운 감동)−구나. −군요; (동의 구함)−지(요); (가벼운 주장, 다짐)−데(요). −겠지.
☐	**お**	존경, 정중, 친밀함을 나타냄.
☐	**嬢ちゃん**	じょう·ちゃん (여자 아이의 높임말)아가씨.
☐	**の**	−의. −의 것. −이(가).
☐	**使用**	し·よう 사용.
☐	**済み**	ず·み (−ずみ의 형태로)−완료. −끝남.
☐	**カートリッジ**	かーとりっじ 카트리지(cartridge).
☐	**おじいさん**	할아버지.
☐	**は**	−은/는.
☐	**立派な**	立派だ りっ·ぱ·だ 멋지다.

偉いね、お嬢ちゃん。

お嬢ちゃんの　使用済みの　カートリッジ　おじいさんは　立派な　エコリカに　するからね。

ママ、変な　おじいさん。

おじいさん　変じゃないよ。

だから　エコリカ　絶対　もらえる。

새로운 단어

- ☐ **エコリカ** えこりか 에코리카(ecorica).
- ☐ **に** –에. –에게. –(이)가. –하러. –으로. –께서.
- ☐ **する** する 하다. 만들다.
- ☐ **から** 때문에.
- ☐ **ママ** まま 마마. 엄마.
- ☐ **変な** 変だ へん·だ 이상하다.
- ☐ **じゃない** –이/가 아니다. –이/가 아니잖아; –지 않다.
- ☐ **よ** (주장, 다짐)–요; (감동, 영탄)–이야; (명령, 권유)–라구, –해요.
- ☐ **だから** 그래서. 그러니까.
- ☐ **絶対** ぜっ·たい 절대. 반드시.
- ☐ **もらえる** もらえる 받을 수 있다.

제35과

鍋(なべ)　究極(きゅうきょく)の　ちゃんこ鍋(なべ)って　メモして。

朝(あさ)　6時(ろくじ)に　起(お)こして。

オッケー　グーグル(OK、Google！)。

写真(しゃしん)を　撮(と)って。

明日(あした)　遊(あそ)ぼうって　メールして。

個人事務所(こじんじむしょ)　マージンで　下衆(げす)なことしか　検索(けんさく)しない。

새로운 단어

☐ 鍋	なべ 냄비요리; 냄비; (なべ料理)의 준말.
☐ 究極	きゅう·きょく 궁극. (=窮極きゅうきょく).
☐ の	−의. −의 것. −이(가).
☐ ちゃんこ鍋	ちゃんこ·なべ 큼직하게 토막친 생선 · 닭고기 등과 채소를 섞어 백숙한 냄비 요리. 스모 선수가 먹는 독특한 요리.
☐ って	−(이)라고, −라고 하는; −(이)란; 인용: −는대, 반문: −했다고.
☐ メモ	めも 메모(memo).
☐ し	する 하다.
☐ て	(가벼운 명령)−해.
☐ 朝	あさ 아침.
☐ 6時	ろく·じ 6시.
☐ に	−에. −에게. −(이)가. −하러. −으로. −께서.
☐ 起こし	起こす お·こす 깨우다; 일으키다.
☐ オッケー　グーグル	おっけー ぐーぐる 오케이 구글(OK、Google).
☐ 写真	しゃ·しん 사진.

鍋　究極の　ちゃんこ鍋って　メモして。

朝　6時に　起こして。

オッケー　グーグル(OK、Google！)。

写真を　撮って。

明日　遊ぼうって　メールして。

個人事務所　マージンで　下衆なことしか　検索しない。

새로운 단어

- □ **を** -을. -를.
- □ **撮っ** 撮る と·る 찍다.
- □ **明日** あした 내일.
- □ **遊ぼ** 遊ぶ あそ·ぶ 놀다.
- □ **う** う 의지:-겠다; 권유:-하자; 추측:-ㄹ것이다, -겠지.
- □ **メール** めーる 메일(mail).
- □ **個人** こ·じん 개인.
- □ **事務所** じ·む·しょ 사무소.
- □ **マージン** まーじん 마아진(Margin).
- □ **で** -에서; -(으)로; -때문에.
- □ **下衆な** 下衆だ げ·す·だ 비열하다, 야비하다.
- □ **こと** 것.
- □ **しか** (부정 수반)-밖에.
- □ **検索** けん·さく 검색.
- □ **ない** ない 부정: -지 않다. -지 아니하다.

食い逃げの 小説って メモして。
(く に しょうせつ)

たかしに 電話して。
(でんわ)

モーター 買ってきてくれるかなって メールして
(か)

娘の お迎えって リマインドして
(むすめ むか)

OK、Google！ OK、Google！

새로운 단어

□	**食い逃げ**	く·い·に·げ 음식값을 안 치르고 달아남(달아난 사람).무전 취식(자). 먹튀.
□	**小説**	しょう·せつ 소설.
□	**たかし**	타카시.
□	**電話**	でん·わ 전화.
□	**モーター**	もーたー 모터(motor).
□	**買っ**	買う か·う 사다.
□	**て**	−고, −(하여)서; −해서.

食い逃げの　小説って　メモして。

たかしに　電話して。

モーター　買ってきてくれるかなって　メールして

娘の　お迎えって　リマインドして

OK、Google！ OK、Google！

새로운 단어

- ☐ き　くる 오다.
- ☐ くれる　くれる -해 주다.
- ☐ かな　(의문) 할까.
- ☐ 娘　むすめ 딸.
- ☐ お　존경, 정중, 친밀함을 나타냄.
- ☐ 迎え　むか·え 마중.
- ☐ リマインド　りまいんど 리마인드(remind).

〈문 법 정 리 편 5〉

제5장(제1과–제35과)

5.1 형용동사 (形容動詞 けいようどうし:ナ형용사)

- 형용동사는 형용사와 마찬가지로 사물의 성질이나 상태를 나타낸다.
  1) 활용한다.
  2) 자립어로 단독으로 술어가 될 수 있다.
  3) 기본형은 「~だ」로 끝난다.

- だろう·でない/になる/だった·だ·な·なら(ば)·○

| 표 1 | 大事だ의 활용표

미연형	だろ	う	大事だろう(중요하겠지)
연용형	で·に·だっ	ない なる た	大事でない(중요하지 않다)· 大事になる(중요해지다)· 大切だった(중요했다)
종지형	だ	。	大事だ(중요하다)
연체형	な	とき	大事なとき(중요할 때)
가정형	なら	(ば)	大事なら(ば)(중요하면)
명령형			

|표 2| 大好きだ**의 활용표**

미연형	だろ	う	大好きだろう(아주 좋겠지·아주 좋아하겠지)
연용형	で·に·だっ	ない なる た	大好きでない(아주 좋아하지 않다)· 大好きになる(아주 좋아지다)· 大好きだった(아주 좋아했다)
종지형	だ	。	大好きだ(아주 좋아하다)
연체형	な	とき	大好きなとき(아주 좋아할 때)
가정형	なら	(ば)	大好きなら(ば)(아주 좋으면·아주 좋아하면)
명령형			

|표 3| 確かだ**의 활용표**

미연형	だろ	う	確かだろう(확실하겠지)
연용형	で·に·だっ	ない なる た	確かでない(확실하지 않다)· 確かになる(확실해지다)· 確かだった(확실했다)
종지형	だ	。	確かだ(확실하다)
연체형	な	とき	確かなとき(확실할 때)
가정형	なら	(ば)	確かなら(ば)(확실하면)
명령형			

4 楽に　格好よく。　楽だ

10 皆　ギガ大好きね。　大好きだ

12 本当だ。　本当だ

14 こりゃ　勝手に　トレール　飲むな。　勝手だ

15 駄目だ。ダメだ～。　駄目だ

15 駄目だ。ダメだ～。　ダメだ

16 本当ですか？　本当だ

17	軽く　背負えて　ずっと　丈夫　ててんてん　天使の羽。	丈夫だ
17	マジですか？	マジだ
17	確かに。	確かだ
18	あまりの　安さに　生徒たちが　大興奮です。	あまりだ
19	じゃ　7人の華麗な舞い。	華麗だ
19	セブンナイツのステップ　セブンナイツの晩は　綺麗ですね。	綺麗だ
19	セブンナイツのムーンアタック　お見事！	見事だ
19	ド派手に　技を　決めまくれ！	派手だ
21	ライン応募なら　やりとり　簡単ですよ。	簡単だ
23	元気　ハツラツ(溌剌)　オロナミンC。	元気だ
23	元気　ハツラツ(溌剌)　オロナミンC。	溌剌だ
24	裸足の　美しさが　大事な　場面でも　その力を 発揮します。	大事だ
27	そして　山田は　自由に　早退できるように　なった	自由だ
28	大好きだよ。	大好きだ
31	高精細な　ディスプレイで　今まで　見えなかった　世界を。	高精細だ
33	取る、溶かす、剥がす、落とす、きれいです。	きれいだ
34	お嬢ちゃんの　使用済みの　カートリッジ　おじいさんは 立派な　エコリカに　するからね。	立派だ
34	ママ、変な　おじいさん。	変だ
34	おじいさん　変じゃないよ。	変だ
35	個人事務所　マージンで　下衆なことしか　検索しない。	下衆だ

• 다음 형용동사를 활용시켜 보자.

静かだ　　丈夫だ　　大好きだ　　大変だ

賑やかだ　　立派だ

5.2 부조사

- 조사는 어떤 말 뒤에 붙어서 그 말과 다른 말과의 관계를 나타내기도 하고, 그 말에 어떤 뜻을 첨가하기도 한다. 부조사는 여러 가지 말에 붙어서 그 말에 어떤 뜻을 첨가하는 조사이다.
  1) 활용하지 않는다.
  2) 부속어로 주어나 술어가 될 수 없다.

は(~은, ~는)·も(~도)·か(~인지, ~인가)·なんか<など>(~따위, ~등)·なんて(~이라니, ~하다니, ~따위)·まで(~까지)·でも(~이라도, ~일지라도, ~조차도)·しか(~밖에)·だけ(~만, ~뿐)·くらい<ぐらい>(~정도)·とか(~든지, ~거나)·こそ(~야말로, ~만은)·さえ(~조차, ~마저, ~까지)·だって(でも의 회화체)·きり(~만, ~뿐)·ほど(~쯤, ~정도)·ばかり(~뿐, ~만)·ずつ(~씩) 등이 있다.

1	皆さん　卒業しても　これだけは　忘れないで下さい。	だけ
1	皆さん　卒業しても　これだけは　忘れないで下さい。	は
2	AERO NOAH　格好いいな~。	は
2	僕も　格好良くなりたいな~。	も
2	のびたさんは　そのままで　いいの。	は
6	もしも　私が　車を　持てたら、海まで　ドライブ　行けた。	まで
6	その理由は　こちら。	は
7	この人　昔は　ただの　田中だったの。	は
8	とっとりなしおは　プライドなしを。	は
8	とっとりなしおは　ジェラシーなしを。	は
8	だから　なしおは　ストレスなしを。	は

9　今年も　良いこと　ありますようにって。　も

10　声までギガに。　まで

10　体重は？　は

17　ランランラン　ランドセルは　ててんてん　天使の羽
wish wish、　は

17　１年生でも　重くないよ。　でも

17　６年生まで　型崩れしませんでした。　まで

18　話題のスマホも学生なら　１、９８０。　も

19　セブンナイツのステップ　セブンナイツの晩は　綺麗ですね。　は

20　瞳の決め手は　透明感。　は

22　俺も　ツー。　も

22　倒れるだけで　腹筋　Wonder Core 2 (ワンダーコア 3)。　だけ

22　広背筋も　上腕二頭筋も　大胸筋も。　も

22　広背筋も　上腕二頭筋も　大胸筋も。　も

22　広背筋も　上腕二頭筋も　大胸筋も。　も

24　日本は　裸足の　国です。　は

25　誰かさんみたいに　なりたいとか　もう　言わないよ。　とか

27　山田は　レベルが　上がった。　は

27　てことは、給料も？　は

27　てことは、給料も？　も

27　山田は　給料が　上がった。　は

27　山田は　部下も　増えた。　は

27　山田は　部下も　増えた。　も

27　山田は　良い席に　なった。　は

27　そして　山田は　自由に　早退できるように　なった　は

28　坂道の下で　あの日　僕は　恋をした。　は

30	ネイルサロン予約は　ホットペッパービューティー (HOT PEPPER Beauty)。	は
31	高精細な　ディスプレイで　今まで　見えなかった　世界を。	まで
31	私たちが　作り替えた　サーフェス　プロ４で　あなたは 何を　作り替えていくんだろう。	は
31	(これさえあれば、何も要らない。)	さえ
31	(これさえあれば、何も要らない。)	も
32	日本の冬は寒いですから　うがい　手洗い　ロッテの喉飴を。	は
33	大掃除は　プロに　任せよう。	は
33	プロの技で　お家　ピカピカ、　お陰で　家族は　のびのび。	は
34	お嬢ちゃんの　使用済みの　カートリッジ　おじいさんは 立派な　エコリカに　するからね。	は
35	個人事務所　マージンで　下衆なことしか　検索しない。	しか

5.3 종조사

- 종조사는 주로 문장 끝에 붙어서 의문·반어·감동·영탄·금지 등을 나타낸다.

2	AERO NOAH　格好いいな～。	な
2	僕も　格好良くなりたいな～。	な
2	のびたさんは　そのままで　いいの。	の
3	あけおめっす。	っす
3	何してるの？	の
3	鬼寒いんで　　お汁粉っすよ。	っす
3	鬼寒いんで　　お汁粉っすよ。	よ

3　やぁ、鬼あまっす。　っす

3　鬼だね。　ね

7　この人　昔は　ただの　田中だったの。　の

9　今年も　良いこと　ありますようにって。　って

9　まだ　言ってるの？　の

9　お、あれ　セーラームーンの店で　もらったぞ。　ぞ

9　ソフトバンクのお店で　もらったの。　の

9　何だ　夢か？　か

9　はい、はい、セーラームーンね？　ね

9　いるよね。　よ

9　いるよね。　ね

10　皆　ギガ大好きね。　ね

10　元々だよ。　よ

10　飼えないよ、こんなデカイの。　よ

10　いいね、いいね。　ね

10　いいね、いいね。　ね

12　はぐれちゃったな。　な

12　探したよ、ドラえもん。　よ

12　誰が　ドラえもんよ。　よ

12　軽自動車　探しているんだけど、見つからなくて　出してよ
ドラえもん。　てよ

12　あれ　何で　コンパニオンの格好しているの　ドラえもん。　の

12　あ　ドラえもんだよ。　よ

13　サプリなのさ　グミサプリ　グミのサプリ　グミサプリ、　さ

13　本気なのさ　グミサプリ　続けるひとの　グミサプリ。　さ

14　こりゃ　勝手に　トレール　飲むな。　な

14　むくみの擬人化よ。　よ

14　飲むな　な

14　飲ませて。　て

16　本当ですか？　か

16　いいから食べてみろって。　って

17　始まるよ。　よ

17　１年生でも　重くないよ。　よ

17　マジですか？　か

18　わ～　盛り上がっていますね。　ね

18　僻んでいるんですか。　か

18　いいな～。　な

19　セブンナイツのステップ　セブンナイツの晩は　綺麗ですね。　ね

19　いいですよ。　よ

21　ライン応募なら　やりとり　簡単ですよ。　よ

22　ツーがね。　ね

22　良いんだよ　ツー。　よ

22　良いんだよ。　よ

22　ツーって　何なんだよ？　よ

22　これか！　か

25　誰かさんみたいに　なりたいとか　もう　言わないよ。　よ

28　噂に　なっても　いいよ。　よ

28　大好きだよ。　よ

30　(ネイルしたいよ、ネイルしたいよ。)　よ

30　(ネイルしたいよ、ネイルしたいよ。)　よ

34　偉いね、お嬢ちゃん。　ね

34　お嬢ちゃんの　使用済みの　カートリッジ　おじいさんは
立派な　エコリカに　するからね。　ね

34	おじいさん　変じゃないよ。	よ
35	鍋　究極の　ちゃんこ鍋って　メモして。	て
35	朝　6時に　起こして。	て
35	写真を　撮って。	て
35	明日　遊ぼうって　メールして。	て
35	食い逃げの　小説って　メモして。	て
35	たかしに　電話して。	て
35	モーター　買ってきてくれるかなって　メールして	かな
35	モーター　買ってきてくれるかなって　メールして	て
35	娘の　お迎えって　リマインドして	て

5.4 단정(정중 丁寧な断定 ていねいなだんてい)의 조동사 です「~(ㅂ)니다」(Ⅱ)

- 체언, 조사, 동사와 형용사의 종지형에 접속
- でしょう·でした·です·です·○·○

| 표 4 | **120 です의 활용표**

미연형	でしょ	う	現場でしょう(현장이겠지요)
연용형	でし	た	現場でした(현장이었습니다)
종지형	です	。	現場です(현장입니다)
연체형	です	のに와 ので만 연결됨	現場ですのに(현장인데도)· 現場ですので(현장이므로)
가정형			
명령형			

5　お届け物です。

5　大正製薬です。

8　何にもなしで　良いんです。

10　琴奨ギガ関です。

10　サンキューです。

10　200ギガです。

11　一生のお願いです。

12　だから　ドラえもんじゃないって言ってるんでしょう。

12　ドラえもんでしょう？

14　分かりやすいでしょう。

16　本当ですか？

17　マジですか？

17　６年生まで　型崩れしませんでした。

18　あの　スマホが　学割で　衝撃価格に！　中継です。

18　現場です。

18　現場の学校です。

18　あまりの　安さに　生徒たちが　大興奮です。

18　僻んでいるんですか。

18　次のニュースです。

19　セブンナイツのステップ　セブンナイツの晩は　綺麗ですね。

19　いいですよ。

21　ライン応募なら　やりとり　簡単ですよ。

24　日本は　裸足の　国です。

32　日本の冬は寒いですから　うがい　手洗い　ロッテの喉飴を。

33　取る、溶かす、剥がす、落とす、きれいです。

5.5 사역(使役 しえき)의 조동사 せる·させる「~하게 하다, ~시키다」

- せる는 5단동사와 する의 미연형 さ에 접속하며, させる는 상1단동사와 하1단동사 그리고 来る의 미연형 来(こ)에 접속
- **せ**ない/**せ**よう·**せ**ます·**せる**·**せる**·**せれ**ば·**せ**ろ/**せ**よ
- **させ**ない/**させ**よう·**させ**ます·**させる**·**させる**·**させれ**ば·**させ**ろ/**させ**よ

| 표 5 | せる의 활용표

미연형	せ	ない よう	飲ませない(마시게 하지 않다)· 飲ませよう(마시게 하자)
연용형	せ	ます	飲ませます(마시게 합니다)
종지형	せる	。	飲ませる(마시게 하다)
연체형	せる	とき	飲ませるとき(마시게 할 때)
가정형	せれ	ば	飲ませれば(마시게 하면)
명령형	せ	ろ·よ	飲ませろ·飲ませよ(마시게 해라)

| 표 6 | させる의 활용표

미연형	させ	ない よう	忘れさせない(잊게 하지 않다)· 忘れさせよう(잊게 하자)
연용형	させ	ます	忘れさせます(잊게 합니다)
종지형	させる	。	忘れさせる(잊게 하다)
연체형	させる	とき	忘れさせるとき(잊게 할 때)
가정형	させれ	ば	忘れさせれば(잊게 하면)
명령형	させ	ろ·よ	忘れさせろ·忘れさせよ(잊게 해라)

14　飲ませて。

14　飲ませて。

キャプテンがメンバーを集まらせる。

監督がキャプテンにメンバーを集めさせる。

母が妹を買い物に行かせる。

母が弟に窓を閉めさせる。

先生が生徒に文法を学ばせる

あなたにケーキを食べさせてあげたい。

彼をここに来させればよい。

かわいい子には旅をさせろ。

来る⇒来させる　　　　する⇒させる

- 다음 동사를 사역의 의미로 바꾸어 보자.

帰る	使う	開ける	飛ぶ
食べる	作る	浴びる	遊ぶ
立つ	頼む	入る	

5.6 진행과 상태를 나타내는 ている·てある「~하고 있다·~어(아) 있다」

- 자동사＋~ている(진행)·~**ている**(상태: 저절로 된 상태)
- 타동사＋~ている(진행)·~**てある**(상태: 누군가에 의해 이루어진 동작의 결과가 계속된 상태)
- 「~ている」는 동작의 계속을 나타내는 동사에 사용되면 진행의 뜻을, 동작이나 작용이 순간에 끝나는 동사에 사용되면 결과의 존속, 즉 상태를 나타낸다.

● 「타동사＋～てある」의 타동사는 의지를 나타내는 동사이기 때문에 누군가의 의지에 의한 행위의 결과가 현재에도 남아 있음을 나타낸다.

て(で)いる

3　何してるの？　(진행)

9　まだ　言ってるの？　(진행)

9　馬鹿にしてるだろう。　(진행)

13　鉄分　足りてる？。　(상태)

18　わ～　盛り上がっていますね。　(상태)

18　僻んでいるんですか。　(상태)

22　ね？　ツー　知ってる？　(상태)

22　知ってる。　(상태)

26　きいてる　きいてる　私に　きいてる。　(진행<聞く>·상태<効く>)

26　きいてる　きいてる　あなたに　きいてる。(진행<聞く>·상태<効く>)

30　あ、爪　割れてる。　(상태)

て(で)ある

窓が開いている　(상태)

窓が開けてある　(상태:누군가에 의해 창문이 열려있다)

答えを書いている　(진행)

答えが書いてある　(상태:누군가에 의해 답이 써 있다)

パスタを食べている　　パスタは食べてある

野菜を挟んでいる　　野菜が挟んである

顔を洗っている　　皿は洗ってある

責任を忘れている　　電車の中に雑誌が忘れてある

花を捧げている　　花が捧げてある

MEMO

제36과

INTEGRATE(インテグレート)。

ダメージ　睫毛(まつげ)も　艶(つや)やか　ロング　上向(うわむ)き　カール。

マスカラ　つけて　マツイクしよう。

新発想(しんはっそう)の　マツイクガールズラッシュ　誕生(たんじょう)。

ラブリーに　生(い)きろ。

새로운 단어

- ☐ インテグレート　いんてぐれーと 인터그레이트(INTEGRATE).
- ☐ ダメージ　だめーじ 데(대)미지(damage).
- ☐ 睫毛　まつ·げ 속눈썹.
- ☐ も　−도; −나; −조차.
- ☐ 艶やか　艶やかだ つや·やか·だ반들반들하다. 반지르하다.
- ☐ ロング　ろんぐ 롱(long).
- ☐ 上向き　うわ·む·き 위로 뻗음. 위로 향함.
- ☐ カール　かーる 컬(curl).
- ☐ マスカラ　ますから 마스카라(mascara).
- ☐ つけ　つける 붙이다.
- ☐ て　−고, −(하여)서; −해서.

INTEGRATE(インテグレート)。

ダメージ　睫毛も　艶やか　ロング　上向き　カール。

マスカラ　つけて　マツイクしよう。

新発想の　マツイクガールズラッシュ　誕生。

ラブリーに　生きろ。

새로운 단어

☐	マツイク	まついく 마츠이쿠.
☐	し	する 하다.
☐	よう	よう 의지:-겠다; 권유:-하자; 추측:-ㄹ것이다, -겠지.
☐	新	しん 신-. 새-.
☐	発想	はっ·そう 발상.
☐	の	-의. -의 것. -이(가).
☐	マツイクガールズラッシュ	まついくがーるずらっしゅ 마츠이쿠 걸즈 러쉬(Matsuiku Girls Rush).
☐	誕生	たん·じょう 탄생.
☐	ラブリーに	ラブリーだ 러블리하다. 사랑스럽다(lovely).
☐	生きろ	生きる い·きる 살다.

제37과

うどんと　蕎麦(そば)　どっちが　好(す)きだ？

あの女子(おなご)に　聞(き)いてみろ。

あの、あの。

ねぇ、ねぇ、うどんと　そば　どっちが　好(す)き？(おなか)

年越(としこ)しは　そばだよね、そば。ば～そ。

怖(こわ)がっちゃったじゃないですか。

どん兵衛(べえ)で　良(よ)い　お年(とし)を

새로운 단어

☐	うどん	우동.
☐	と	−와. −과.
☐	蕎麦	そば 메밀. 소바.
☐	どっち	(=どちら)어느 쪽. 어디.
☐	が	−이/가.
☐	好きだ	好きだ す·きだ 좋아하다.
☐	あの	저. 그.
☐	女子	おな·ご 여자.
☐	に	−에. −에게. −(이)가. −하러. −으로. −께서.
☐	聞いて	聞く き·く 묻다. 듣다.
☐	みろ	みる −해 보다.
☐	あの	저어.
☐	ねぇ	(남을 부르거나 친근함, 다짐할 때) 저. 네. 응.
☐	そば	메밀국수; 소바.
☐	おなか	배.
☐	年越し	とし·こ·し 새해맞이.
☐	は	−은/는.

うどんと　蕎麦　どっちが　好きだ？

あの女子に　聞いてみろ。

あの、あの。

ねぇ、ねぇ、うどんと　そば　どっちが　好き？(おなか)

年越しは　そばだよね、そば。ば～そ。

怖がっちゃったじゃないですか。

どん兵衛で　良い　お年を

새로운 단어

☐ だ	だ -(이)다.
☐ よ	(주장, 다짐)-요; (감동, 영탄)-이야; (명령, 권유)-라구, -해요.
☐ ね	(가벼운 감동)-구나. -군요; (동의 구함)-지(요); (가벼운 주장, 다짐)-데(요). -겠지.
☐ ば~そ	소바(메밀)를 거꾸로 한 말.
☐ 怖がっ	怖がる こわ·がる 무서워하다.
☐ ちゃっ	ちゃう (-てしまう의 줄임)-(아/어) 버리다.
☐ た	た -(이)었다, -(았/었)다.
☐ じゃない	-이/가 아니다. -이/가 아니잖아; -지 않다.
☐ です	です -입니다.;-입(습)니다.
☐ か	-인가. -하는가. -입니까.
☐ どん兵衛	どん·べ·え 돈베에.
☐ で	-에서; -(으)로; -때문에.
☐ 良い	良い よ·い 좋다.
☐ お	존경, 정중, 친밀함을 나타냄.
☐ 年	とし 해.
☐ を	-을. -를.

제38과

この惑星(わくせい)には　様々(さまざま)な　形(かたち)の愛(あい)が　ある。

ああいう不細工(ぶさいく)なのが　売(う)れ残(のこ)っちゃうんだよ。

さようなら。

売(う)れちゃったよ、あの不細工(ぶさいく)な　やつ。

どこだ。

帰(かえ)ろう。

ただ　この惑星(わくせい)の　愛(あい)は　失(うしな)いかけて　初(はじ)めて　気(き)づく。

カンコーヒーの　BOSS(ボス)

새로운 단어

□	この	이.
□	惑星	わく·せい 혹성.
□	には	−에는.
□	様々な	様々だ さま·ざま·だ 여러가지다. 가지각색이다.
□	形	かたち 모습. 형태.
□	の	−의. −의 것. −이(가).
□	愛	あい 사랑.
□	が	−이/가.
□	ある	ある 있다.
□	ああいう	저와 같은. 그와 같은.
□	不細工な	不細工だ ぶ·さい·く·だ 못생기다; 엉성하다.
□	の	것.
□	売れ残っ	売れ残る う·れ·のこ·る 팔리지 않고 남다.
□	ちゃう	ちゃう (−てしまう의 줄임)−(아/어) 버리다.
□	ん	것. 거.
□	だ	だ −(이)다.
□	よ	(주장, 다짐)−요; (감동, 영탄)−이야; (명령, 권유)−라구, −해요.
□	さようなら	안녕히 계십시요(가십시요). 안녕히 계세요. 잘 가요. 잘 있어요.

この惑星には　様々な　形の愛が　ある。

ああいう不細工なのが　売れ残っちゃうんだよ。

さようなら。

売れちゃったよ、あの不細工な　やつ。

どこだ。

帰ろう。

ただ　この惑星の　愛は　失いかけて　初めて　気づく。

カンコーヒーの　BOSS(ボス)

새로운 단어

- ☐ 売れ　売れる う·れる 팔리다.
- ☐ ちゃっ　ちゃう (-てしまう의 줄임)-(아/어) 버리다.
- ☐ た　た -(이)었다, -(았/었)다.
- ☐ あの　저. 그.
- ☐ やつ　물건. 것; 놈. 녀석
- ☐ どこ　어디. 어느 곳.
- ☐ 帰ろ　帰る かえ·る 돌아가다.
- ☐ う　う 의지:-겠다; 권유:-하자; 추측:-ㄹ것이다, -겠지.
- ☐ ただ　다만. 단지.
- ☐ は　-은/는.
- ☐ 失い　失う うしな·う 잃다.
- ☐ かけ　かける -하기 시작하다.
- ☐ て　-고, -(하여)서; -해서.
- ☐ 初めて　はじ·めて 처음으로. 비로소.
- ☐ 気づく　気づく き·づく 깨닫다. 알아채다.
- ☐ カンコーヒー　캔커피(canned coffee).
- ☐ ボス　ぼす 보스(BOSS).

제39과

はい、脱臭炭(だっしゅうたん)。

脱臭炭(だっしゅうたん)は　冷蔵庫(れいぞうこ)に　要(い)るよ。

脱臭炭(だっしゅうたん)は　下駄箱(げたばこ)にも　要(い)るよ。

脱臭炭(だっしゅうたん)　エステー。

새로운 단어

- ☐ **はい**　자; 네. 예.
- ☐ **脱臭炭**　だっ·しゅう·たん 탈취탄.
- ☐ **は**　−은/는.
- ☐ **冷蔵庫**　れい·ぞう·こ 냉장고.
- ☐ **に**　−에. −에게. −(이)가. −하러. −으로. −께서.

はい、脱臭炭。

脱臭炭は　冷蔵庫に　要るよ。

脱臭炭は　下駄箱にも　要るよ。

脱臭炭　エステー。

새로운 단어

☐	**要る**	要る い·る 필요하다.
☐	**よ**	(주장, 다짐)-요; (감동, 영탄)-이야; (명령, 권유)-라구, -해요.
☐	**下駄箱**	げ·た·ばこ 신발장.
☐	**にも**	-에도.
☐	**エステー**	えすてー 에스테(esthétique).

제40과

大変だったな～。

ちょっと　おじさん　退いてよ。

見えない。

すいません。

熱い。

+2°(プラス2)度　自販機　始めます。GEORGIA(ジョージア)。

いつもの　冬より　暖かく。

새로운 단어

- ☐ 大変だっ　大変だ たい·へん·だ 큰일이다. 큰일나다.
- ☐ た　た -(이)었다. -(았/었)다.
- ☐ な　(감동)-구나. -군.
- ☐ ちょっと　조금.
- ☐ おじさん　아저씨.
- ☐ 退い　退く ど·く 물러나다. 비키다.
- ☐ てよ　-해 주세요.
- ☐ 見え　見える み·える 보이다.
- ☐ ない　ない 부정: -지 않다. -지 아니하다.
- ☐ すいません　미안합니다. 미안해요.
- ☐ 熱い　熱い あつ·い 뜨겁다.

大変だったな~。

ちょっと　おじさん　退いてよ。

見えない。

すいません。

熱い。

+2°(プラス2)度　自販機　始めます。GEORGIA(ジョージア)。

いつもの　冬より　暖かく。

새로운 단어

- ☐ プラス　ぷらす 플러스(plus).
- ☐ 度　ど 도.
- ☐ 自販機　じ·はん·き 자판기. 자동판매기.
- ☐ 始め　始める はじ·める 시작하다.
- ☐ ます　ます -입니다, -합니다.
- ☐ ジョージア　じょーじあ 조지아(GEORGIA).
- ☐ いつも　평소. 여느 때.
- ☐ の　-의. -의 것. -이(가).
- ☐ 冬　ふゆ 겨울.
- ☐ より　-보다.
- ☐ 暖かく　暖かい あたた·かい 따뜻하다.

綺麗~。(きれい)

これ 作った人 凄いね~。(つく, ひと, すご)

俺です。(おれ)

새로운 단어

- ☐ **綺麗** 綺麗だ き·れい·だ 아름답다.
- ☐ **これ** 이것.
- ☐ **作っ** 作る つく·る 만들다.
- ☐ **人** ひと 사람.
- ☐ **凄い** 凄い すご·い 대단하다; 굉장하다.

綺麗～。

これ　作った人　凄いね～。

俺です。

새로운 단어

- ☐ ね　(가벼운 감동)-구나. -군요; (동의 구함)-지(요); (가벼운 주장, 다짐)-데(요). -겠지.
- ☐ 俺　おれ (주로 남자들이 친한 사이나 아랫사람에게)나.
- ☐ です　です -입니다.;-입(습)니다.

〈문 법 정 리 편 6〉

제6장(제1과–제40과)

6.1 동사의 음편

- 5단활용동사가 활용할 때 뒤에 「て·た·たり」 등에 연결될 때 발음을 편하게 하기 위해 일어나는 현상을 음편이라고 한다.
- い음편(イ音便): 어미가 く·ぐ일 때, 연용형 き·ぎ가 い로 변한다.
  ☞ **いて·いた·いたり/いで·いだ·いだり**
  예) 聞く ⇒ 聞きて ⇒ **聞いて**/泳ぐ ⇒ 泳ぎて ⇒ **泳いで**
- 촉음편(促音便): 어미가 う·つ·る일 때, 연용형 い·ち·り가 っ로 변한다.
  ☞ **って·った·ったり**
  예) 買う ⇒ 買いて ⇒ **買って**/立つ ⇒ 立ちて ⇒ **立って**/上がる ⇒ 上がり ⇒ **上がって**
- 발음편(撥音便): 어미가 ぬ·む·ぶ일 때, 연용형 に·み·び가 ん으로 변한다.
  ☞ **んで·んだ·んだり**
  예) 死ぬ ⇒ 死にて ⇒ **死んで**/飲む ⇒ 飲みて ⇒ **飲んで**/選ぶ ⇒ 選びて ⇒ **選んで**

て

2	そんなこと　言ってないけど。	言っ	言う
3	これ　お餅　入ってない。	入っ	入る
9	まだ　言ってるの？	言っ	言う
12	だから　ドラえもんじゃないって言ってるんでしょう。	言っ	言う
18	わ～　盛り上がっていますね。	盛り上がっ	盛り上がる

21　電車に　乗って。　乗っ　乗る
22　ね？　ツー　知ってる？　知っ　知る
22　知ってる。　知っ　知る
23　買ってきたわよ。　買っ　買う
23　何があっても前へ。　あっ　ある
26　きいてる　きいてる　私に　きいてる。　きい　きく
26　きいてる　きいてる　あなたに　きいてる。　きい　きく
28　噂に　なっても　いいよ。　なっ　なる
35　写真を　撮って。　撮っ　撮る
35　モーター　買ってきてくれるかなって　メールして　買っ　買う
37　あの女子に　聞いてみろ。　聞い　聞く
40　ちょっと　おじさん　退いてよ。　退い　退く

で

2　のびたさん、　また　こんなの　飲んで。　飲ん　飲む
18　僻んでいるんですか。　僻ん　僻む

た

2　NOAHが　格好良くなったんで　つい。　なっ　なる
9　お、あれ　セーラームーンの店で　もらったぞ。　もらっ　もらう
9　ソフトバンクのお店で　もらったの。　もらっ　もらう
11　グルメの玉子　きよらで　作った　お布団を
私にかけてください。　作っ　作る
16　びっくらこいた？　びっくらこい　びっくらこく
21　バイトの　応募先の　人から　かけてもらった　電話
取れなかったらと　思うと　ぞっとします。　もらっ　もらう

27　山田は　レベルが　上がった。　上がっ　上がる
27　山田は　給料が　上がった。　上がっ　上がる
27　山田は　良い席に　なった。　なっ　なる
27　そして　山田は　自由に　早退できるように　なった。　なっ　なる
37　怖がっちゃったじゃないですか。　怖がっ　怖がる
40　これ　作った人　凄いね～。　作っ　作る

だ

25　女の子が　選んだ　ナンバーワン。　選ん　選ぶ

• 다음 동사를 과거형(～た)이나 연용형(～て)으로 바꾸어 보자.

会う	開く	遊ぶ	洗う
有る	住む	立つ	返す
終わる	頼む	脱ぐ	飛ぶ

6.2 상1단·하1단동사와 어미가 같은 5단동사

• 어미가 「[i]＋る·[e]＋る」의 형태를 취하고 있지만 예외인 5단동사
• 要る(いる)　帰る(かえる)　入る(はいる)
ひっくり返る(ひっくりかえる)　知る(しる)

3　これ　お餅　入ってない。　入る
16　(カップ麺の　概念　ひっくり返る)次々　引っくり返る
マルチャン　正麺カップ。　ひっくり返る
22　ね？　ツー　知ってる？　知る

22　知ってる。　知る

31　(これさえあれば、何も要らない。)　要る

38　帰ろう。　帰る

39　脱臭炭は　冷蔵庫に　要るよ。　要る

39　脱臭炭は　下駄箱にも　要るよ。　要る

6.3 특수활용동사

- 5단동사 중 연용형과 명령형이 특수하게 활용하는 동사로 「くださる·なさる·おっしゃる·いらっしゃる」 등이 있다.
- くださいます·ください　なさいます·なさい
  おっしゃいます·おっしゃい　いらっしゃいます·いらっしゃい

1　皆さん　卒業しても　これだけは　忘れないで下さい。　下さる

11　グルメの玉子　きよらで　作った　お布団を
私にかけてください。　くださる

45　そういう　ことは　パパに　聞きなさい。　なさる

45　食べなさい。　なさる

6.4 정중의 조동사 ます(Ⅱ) 「~(ㅂ)니다」

- 동사 연용형과 동사 활용형 조동사의 연용형에 접속.
- 말하는 사람이 듣는 사람에게 공손한 뜻을 나타낸다.
- **ません/ましょう·ました·ます·ます·ますれば·ませ/まし**

| 표 1 | ます의 활용표

미연형	ませ	ん	起しません(깨우지 않습니다)
	ましょ	う	起しましょう(깨웁시다)
연용형	まし	た	起しました(깨웠습니다)
종지형	ます	。	起します。(깨웁니다)
연체형	ます	とき	起しますとき(깨울 때)
가정형	ますれ	ば	
명령형	ませ		
	まし		

1) 미연형의 ましょ는 ましょう의 う가 생략된 채로 권유의 뜻을 나타내기도 한다.
2) 가정형 ますれば는 간혹 격식을 갖출 때 쓰이기도 하지만, 일반적인 회화체에서는 쓰이지 않고 ますと가 사용된다.
3) 명령형 ませ와 まし는 특정 동사 즉,「いらっしゃる·おっしゃる·くださる·なさる」에만 쓰인다.

3　鬼甘い　汁粉　もらえます。
9　今年も　良いこと　ありますようにって。
9　そんな人　いません。
10　放送席　放送席　勝ちました。
10　声が変わられました？
11　いただきます。
17　6年生まで　型崩れしませんでした。
18　わ~　盛り上がっていますね。
20　どう？　馴染みました。　ロート。

21 バイトの　応募先の　人から　かけてもらった　電話　取れなかったらと　思うと　ぞっとします。

24 裸足の　美しさが　大事な　場面でも　その力を　発揮します。

26 私に　果物　上げましょう。

40 2(プラス2)度　自販機　始めます。GEORGIA(ジョージア)。

6.5 희망(希望 きぼう)의 조동사 たい·たがる「~하고 싶다·~하고 싶어 하다」

- 「たい」·「たがる」는 동사의 연용형이나, 동사형으로 활용하는 조동사의 연용형에 접속
- たかろう/たいだろう·たくない/たくなる/たかった·たい·たい·たければ·◯(1인칭과 2인칭에 쓰임)
- たがらない/たがろう·たがります/たがって/たがった·たがる·たがる·たがれば·◯(제3자의 희망에 쓰임)

2 僕も　格好良くなりたいな~。

10 飼いたい、琴奨ギガ。

25 誰かさんみたいに　なりたいとか　もう　言わないよ。

30 (ネイルしたいよ、ネイルしたいよ。)

ぜひ海で泳ぎたい。

どこか旅行に行きたい。

猫が魚を食べたがる。

話したがっておられる先生が来られます。

子どもはよく遊びたがるものだ。

子どもが遊びにいきたがる。

6.6 전문(伝聞 でんぶん)의 조동사 そうだ「~라고 한다」

- 활용어의 종지형에 접속
- ○·そうである·そうだ·○·○·○

新潟は雨が降っているそうだ。

社長がタイへ旅行されるそうだ。

午後は雪が降るそうだ。

彼は面白い人だそうだ。

6.7 양태(様態 ようたい)의 조동사 そうだ「~(ㄹ·ㄴ)것 같다(듯하다)」

- 동사의 연용형, 동사형 활용의 조동사 연용형, 형용사와 형용동사의 어간, 형용사형 활용의 조동사 어간에 접속
- そうだろう·そうである/そうになる/そうだった·そうだ·そうな·そうなら(ば)·○

3 甘そう~。

44 ぐっと 美味しそうだ。

彼は、不安そうなようすだった。

よい結果を得られそうだ。

午後は雪が降りそうだ。

彼は面白そうな人だ。

주의

ない와 よい에 そうだ가 접속할 때는 なさそうだ(없는 것 같다)·よさそうだ(좋은 것 같다)라고 한다.

6.8 비유(比喩 ひゆ)·예시(例示 れいじ)·불확실한 단정(推定 すいてい)의 조동사 ようだ「~(ㄹ/ㄴ)듯하다·~와 같다」

- 동사·형용동사·조동사의 연체형, 연체사, 조사에 접속
- ようだろう·ようで/ようである/ようになる/ようだった·ようだ·ような·ようなら(ば)·○

9 今年も 良いこと ありますようにって。

27 そして 山田は 自由に 早退できるように なった

君は、バラのようにきれいだ。 (비유)

町の夜景が宝石のようだ。 (비유)

ラッコのような、かわいい動物が見たい。 (예시)

あの選手のようにうまくなりたい。 (예시)

父は会議に出ないようだ。 (불확실한 단정)

この道は、駅まで続いているようだ。 (불확실한 단정)

6.9 추정(推定 すいてい)의 조동사 らしい

- 동사·형용사의 종지형, 형용동사 어간, 명사, 부사, 조사, 조동사에 접속
- ○·らしくない/らしかった·らしい·らしい·○·○
- 추정이란 추측을 해서 단정한다라는 뜻이므로, らしい는 거의 단정의 조동사 だ를 사용해도 무방할 정도일 경우에 사용된다. 따라서 らしい는 추측이 거의 틀림없다는 근거나 증거가 필요하다.

県庁があるので、ここが県庁所在地らしい。

この絵画は、本物らしい。

この土地にマンションが建つらしい。

彼女は、去年結婚したらしい。

学生なので、学生らしい服装をしましょう。(접미어)。

MEMO

제41과

Give me a chance 最後(さいご)に かけてみたいんだ。

Once more chance 僕(ぼく)は 確(たし)かめてみたいんだ。

チャンスは ここに (目(め)を 閉(と)じれば。) AGAスキンクリニック。

새로운 단어

- ☐ 最後 さい·ご 최후. 마지막.
- ☐ に −에. −에게. −(이)가. −하러. −으로. −께서.
- ☐ かけ かける (희망 따위를)걸다.
- ☐ て −고, −(하여)서; −해서.
- ☐ み みる −해 보다.
- ☐ たい たい −하고 싶다.
- ☐ ん 것. 거.
- ☐ だ だ −(이)다.
- ☐ 僕 ぼく 나.

Give me a chance 最後に かけてみたいんだ。

Once more chance 僕は 確かめてみたいんだ。

チャンスは ここに (目を 閉じれば。) AGAスキンクリニック。

새로운 단어

- ☐ **は** −은/는.
- ☐ **確かめ** 確かめる たし·かめる 확인하다.
- ☐ **チャンス** ちゃんす 챈스. 찬스(chance).
- ☐ **ここ** 여기. 이곳.
- ☐ **目** め 눈.
- ☐ **を** −을. −를.
- ☐ **閉じれ** 閉じる と·じる 감다; 닫다.
- ☐ **ば** (가정)−면.
- ☐ **スキンクリニック** すきんくりにっく 스킨 클리닉(skin clinic).

제42과

Universal Cool Japan (ユニバーサル　クール　ジャパン)。

進撃の巨人が　ついに　Real 4D(リアル　フォーディー)へ。

びびるな。　立体機動で　止めろ。

てめえだ。

立体機動で　巨人と戦う　Universal Studios Japan(ユニバーサル　スタジオ　ジャパン)。

進撃の巨人　The Real 2。

ワーウ。

새로운 단어

- ☐ **ユニバーサル　クール　ジャパン**　ゆにばーさる くーる じゃぱん 유니버설 쿨 저팬(Universal Cool Japan).
- ☐ **進撃**　しん·げき 진격.
- ☐ **の**　-의. -의 것. -이(가).
- ☐ **巨人**　きょ·じん 거인.
- ☐ **が**　-이/가.
- ☐ **ついに**　드디어.
- ☐ **リアル　フォーディー**　りある ふぉーでぃー리얼 4D(Real 4D).
- ☐ **へ**　-(으)로.
- ☐ **びびる**　びびる 떨다.

Universal Cool Japan (ユニバーサル　クール　ジャパン)。

進撃の巨人が　ついに　Real 4D(リアル　フォーディー)へ。

びびるな。　立体機動で　止めろ。

てめえだ。

立体機動で　巨人と戦う　Universal Studios Japan(ユニバーサル　スタジオ

ジャパン)。

進撃の巨人　The Real 2。

ワーウ。

새로운 단어

- ☐ な　(금지)-마라.
- ☐ 立体機動　りっ·たい·き·どう 입체기동.
- ☐ で　-에서; -(으)로; -때문에.
- ☐ 止めろ　止める と·める 멈추다. 막다.
- ☐ てめえ　(=てまえ의 속어)저(わたくし); 너(お前).
- ☐ だ　だ -(이)다.
- ☐ と　-와. -과.
- ☐ 戦う　戦う たたか·う 싸우다.
- ☐ ワーウ　わーう 와우(wow).

제43과

(親友(しんゆう)、地元(じもと)に帰(かえ)る)

ていうか。

水臭(みずくさ)いよな。

何(なん)だよ。

はい、俺(おれ)らから。

(地元(じもと)に戻(もど)ってもガンバ!!)

お·ま·え·ら。

贈(おく)るカード。

贈(おく)りたい時(とき)に　贈(おく)りたい人(ひと)に　Prepaid Card(プリペイド　カード) POSA。

頑張(がんば)れ。

새로운 단어

☐	**親友**	しん·ゆう (가까운)친구.
☐	**地元**	じ·もと 연고지. 그 지방. 고향.
☐	**に**	-에. -에게. -(이)가. -하러. -으로. -께서.
☐	**帰る**	帰る かえ·る 돌아가다.
☐	**ていうか**	(화제전환)그건그렇고; -라고 할까? -랄까?
☐	**水臭い**	水臭い みず·くさ·い 서먹서먹하다.
☐	**よな**	(감탄, 다짐)-로구나. -로다.
☐	**何**	なん 무엇. 뭐.
☐	**だ**	だ -(이)다.
☐	**よ**	(주장, 다짐)-요; (감동, 영탄)-이야; (명령, 권유)-라구, -해요.
☐	**はい**	자; 네. 예.
☐	**俺ら**	おれ·ら (주로 남자들이 친한 사이나 아랫사람에게)우리.
☐	**から**	-부터.

(親友、地元に帰る)

ていうか。

水臭いよな。

何だよ。

はい、俺らから。

(地元に戻ってもガンバ!!)

お·ま·え·ら。

贈るカード。

贈りたい時に　贈りたい人に　Prepaid Card(プリペイド　カード) POSA。

頑張れ。

새로운 단어

- ☐ 戻っ　戻る もど·る 되돌아가다. 되돌아오다.
- ☐ ても　-(해)도, -(하)더라도.
- ☐ ガンバ　がんば (=頑張れ)힘내. 잘 해봐. 파이팅.
- ☐ おまえら　너희들.
- ☐ 贈る　贈る おく·る 선물하다. 보내다.
- ☐ カード　かーど 카드(card).
- ☐ 贈り　贈る おく·る 선물하다. 보내다.
- ☐ たい　たい -하고 싶다.
- ☐ 時　とき 때.
- ☐ 人　ひと 사람.
- ☐ プリペイド　ぷりぺいど 프리페이드(prepaid).
- ☐ 頑張れ　頑張る がん·ば·る 힘내다. 분발하다.

제44과

この味(あじ)　ミステリー。

蝦(えび)が　やられた。

裏切(うらぎ)りものが　いる。

具材(ぐざい)の　権力争(けんりょくあらそ)い。

貴様(きさま)。

ネギを　お前(まえ)に。

ぐっと　美味(おい)しそうだ。

温(あった)かい。

새로운 단어

□	**この**	이.
□	**味**	あじ 맛.
□	**ミステリー**	미스터리(mystery).
□	**蝦**	えび 새우.
□	**が**	–이/가.
□	**やられ**	やられる 당하다.
□	**た**	た –(이)었다, –(았/었)다.
□	**裏切りもの**	うら·ぎ·り·もの 배신자.배반자.
□	**が**	–이/가.
□	**いる**	いる 있다.
□	**具材**	ぐ·ざい (요리의 건더기에 쓰이는) 식재료. 속 재료.

この味　ミステリー。

蝦が　やられた。

裏切りものが　いる。

具材の　権力争い。

貴様。

ネギを　お前に。

ぐっと　美味しそうだ。

温かい。

새로운 단어

- ☐ **の** −의. −의 것. −이(가).
- ☐ **権力争い** けん·りょく·あらそ·い 권력투쟁.
- ☐ **貴様** き·さま (절친한 사람이나 상대를 욕할 때)네놈. 너. 자네.
- ☐ **ネギ** ねぎ 파.
- ☐ **を** −을. −를.
- ☐ **お前** お·まえ (동등, 손아랫사람에게)너. 자네.
- ☐ **に** −에. −에게. −(이)가. −하러. −으로. −께서.
- ☐ **ぐっと** 훨씬. 한층.
- ☐ **美味し** 美味しい おい·しい 맛있다.
- ☐ **そうだ** そうだ 추측: −같다, −듯하다; −라고 한다.
- ☐ **温かい** 温かい あたた·かい 따뜻하다.

そうか　蓋(ふた)を　開(あ)ける　前(まえ)　カップヌードルは　密室(みっしつ)だった。

よ、名探偵(めいたんてい)。

食(た)べたでしょう。

食(た)べたでしょう。

遅(おそ)かったか。

危(あぶ)ない。

見(み)つけたぞ。

つまり　メンは　この中(なか)に　いる　間違(まちが)いない。

Stay Hot カップヌードル。

새로운 단어

☐	**そう**	그렇게.
☐	**か**	-인가. -하는가. -입니까.
☐	**蓋**	ふた 덮개. 뚜껑.
☐	**開ける**	開ける あ·ける 열다.
☐	**前**	まえ 앞.
☐	**カップヌードル**	かっぷぬーどる 컵라면. 컵누들(cup noodle).
☐	**は**	-은/는.
☐	**密室**	みっ·しつ 밀실.
☐	**だっ**	だ -(이)다.
☐	**よ**	(주장, 다짐)-요; (감동, 영탄)-이야; (명령, 권유)-라구, -해요.
☐	**名**	めい 명-.
☐	**探偵**	たん·てい 탐정.

そうか　蓋を　開ける　前　カップヌードルは　密室だった。

よ、名探偵。

食べたでしょう。

食べたでしょう。

遅かったか。

危ない。

見つけたぞ。

つまり　メンは　この中に　いる　間違いない。

Stay Hot カップヌードル。

새로운 단어

- [ ] 食べ　食べる た·べる 먹다.
- [ ] でしょ　です -입니다.;-입(습)니다.
- [ ] う　う 의지:-겠다; 권유:-하자; 추측:-ㄹ것이다, -겠지.
- [ ] 遅かっ　遅い おそ·い 늦다.
- [ ] 危ない　危ない あぶ·ない 위험하다.
- [ ] 見つけ　見つける み·つける 발견하다.
- [ ] ぞ　(강조, 다짐)-테다. -구나.
- [ ] つまり　즉. 결국.
- [ ] メン　めん 면.
- [ ] 中　なか 안. 속.
- [ ] 間違い　ま·ちが·い 틀림. 다름.
- [ ] ない　ない 없다.

제45과

ねえ、ママ　グラブルって　何(なに)？

そういう　ことは　パパに　聞(き)きなさい。

パパが　ママに　聞(き)けって。

パパも　ママも　グラブってるの？

止(よ)せよ。

僕(ぼく)も　グラブル。

食(た)べなさい。

さあ　グラブル。

새로운 단어

- ☐ **ねえ** (남을 부르거나 친근함, 다짐할 때) 저. 네. 응.
- ☐ **ママ** まま 마마. 엄마.
- ☐ **グラブル** ぐらぶる 구라부루(Granblue Fantasy의 줄임).
- ☐ **って** -(이)라고, -라고 하는; -(이)란; 인용: -는대, 반문: -했다고.
- ☐ **何** なに 무엇. 뭐.
- ☐ **そういう** 그와 같은.
- ☐ **こと** 것.
- ☐ **は** -은/는.
- ☐ **パパ** ぱぱ 파파.
- ☐ **に** -에. -에게. -(이)가. -하러. -으로. -께서.
- ☐ **聞き** 聞く き·く 묻다. 듣다.
- ☐ **なさい** なさる -하시다.

ねえ、ママ　グラブルって　何？

そういう　ことは　パパに　聞きなさい。

パパが　ママに　聞けって。

パパも　ママも　グラブってるの？

止せよ。

僕も　グラブル。

食べなさい。

さあ　グラブル。

새로운 단어

- □ が　–이/가.
- □ 聞け　聞く き·く 묻다. 듣다.
- □ も　–도; –나; –조차.
- □ グラブっ　グラブる 구라부루하다.
- □ て　–고, –(하여)서; –해서.
- □ る　いる 있다.
- □ の　(의문, 질문)–느냐. –니; (가벼운 단정)–(해)요.
- □ 止せ　止す よ·す 그만두다. 관두다.
- □ よ　(주장, 다짐)–요; (감동, 영탄)–이야; (명령, 권유)–라구, –해요.
- □ 僕　ぼく 나.
- □ 食べ　食べる たべ·る 먹다.
- □ さあ　자아. 어서.

제46과

特別(とくべつ)じゃない。

英雄(えいゆう)じゃない。

みんなの　上(うえ)には　空(そら)が　ある。

雨(あめ)の　日(ひ)も　ある。

風(かぜ)の　日(ひ)も　ある。

たまに　晴(は)れたら　丸儲(まるもう)け。

振(ふ)り向(む)けば　君(きみ)が　いる。

새로운 단어

- ☐ **特別**　特別だ とく·べつ·だ 특별하다.
- ☐ **じゃない**　-이/가 아니다. -이/가 아니잖아; -지 않다.
- ☐ **英雄**　えい·ゆう 영웅.
- ☐ **みんな**　모두.
- ☐ **の**　-의. -의 것. -이(가).
- ☐ **上**　うえ 위.
- ☐ **には**　-에는.
- ☐ **空**　そら 하늘.
- ☐ **が**　-이/가.
- ☐ **ある**　ある 있다.
- ☐ **雨**　あめ 비.

特別じゃない。

英雄じゃない。

みんなの　上には　空が　ある。

雨の　日も　ある。

風の　日も　ある。

たまに　晴れたら　丸儲け。

振り向けば　君が　いる。

새로운 단어

☐	**日**	ひ 날.
☐	**も**	−도; −나; −조차.
☐	**風**	かぜ 바람.
☐	**たまに**	가끔.
☐	**晴れ**	晴れる は·れる 개이다. 맑아지다.
☐	**たら**	た −(이)었다, −(았/었)다.
☐	**丸儲け**	まる·もう·け 깡그리 이득 봄, 고스란히 벎.
☐	**振り向け**	振り向く ふ·り·む·く 뒤돌아보다.
☐	**ば**	(가정)−면.
☐	**君**	きみ (남자끼리 같은 또래나 손아랫을 부를 때)너. 자네.
☐	**いる**	いる 있다.

前向(まえむ)けば　友(とも)が　いる。

走(はし)って　転(ころ)んで　寝(ね)そべって。

新(あたら)しい　明日(あした)が　待(ま)ってる。

悩(なや)んでは　忘(わす)れて　忘(わす)れては　悩(なや)んで。

明日(あした)　明後日(あさって)　明明後日(しあさって)　新(あたら)しい　未来(みらい)が　やってくる。

新(あたら)しい　自由(じゆう)。au。

새로운 단어

☐	**前**	まえ 앞.
☐	**向け**	向く む·く 향하다. 보다.
☐	**友**	とも 벗. 친구.
☐	**走っ**	走る はし·る 달리다.
☐	**て**	−고, −(하여)서; −해서.
☐	**転ん**	転ぶ ころ·ぶ 넘어지다.
☐	**で**	て −고, −(하여)서; −해서.
☐	**寝そべっ**	寝そべる ね·そべる 엎드려눕다.
☐	**新しい**	新しい あたら·しい 새롭다.
☐	**明日**	あした 내일.
☐	**待っ**	待つ ま·つ 기다리다.

前向けば　友が　いる。

走って　転んで　寝そべって。

新しい　明日が　待ってる。

悩んでは　忘れて　忘れては　悩んで。

明日　明後日　明明後日　新しい　未来が　やってくる。

新しい　自由。au。

새로운 단어

- ☐ **る** いる 있다.
- ☐ **悩ん** 悩む なや·む 괴로워하다. 고민하다.
- ☐ **では** ては −(하)고는.
- ☐ **忘れ** 忘れる わす·れる 잊어버리다.
- ☐ **ては** −(하)고는.
- ☐ **明後日** あさって 모레.
- ☐ **明明後日** しあさって 글피.
- ☐ **未来** み·らい 미래.
- ☐ **やってくる** やってくる 다가 오다.
- ☐ **自由** じ·ゆう 자유.

제47과

月々(つきづき)　お弁当(べんとう)なみの　値段(ねだん)で　使(つか)える　携帯(けいたい)は　いかがですか？

お弁当(べんとう)　一(ひと)つ。

あります。

探(さが)してみます。

月々(つきづき)　934円(えん)からの　携帯(けいたい)　新登場(しんとうじょう)。

俺(おれ)も　弁当(べんとう)　一(ひと)つ。

はあ。

Y! mobile(モバイル)

새로운 단어

□	月々	つき·づき 매달. 매월.
□	お	존경, 정중, 친밀함을 나타냄.
□	弁当	べん·とう 도시락.
□	なみ	(−와)같음. 만큼. 처럼.
□	の	−의. −의 것. −이(가).
□	値段	ね·だん 가격. 값.
□	で	−에서; −(으)로; −때문에.
□	使える	使える つか·える 쓸 수 있다. 사용할 수 있다.
□	携帯	けい·たい 휴대. 휴대폰.
□	は	−은/는.
□	いかが	어떻게. 어찌.
□	です	です −입니다.;−입(습)니다.
□	か	−인가. −하는가. −입니까.
□	一つ	ひと·つ 하나; 한 개.

月々　お弁当なみの　値段で　使える　携帯は　いかがですか？

お弁当　一つ。

あります。

探してみます。

月々　934円からの　携帯　新登場。

俺も　弁当　一つ。

はあ。

Y! mobile(モバイル)

새로운 단어

☐	あり	ある 있다.
☐	ます	ます −입니다, −합니다.
☐	探し	探す さが·す 찾다.
☐	て	−고, −(하여)서; −해서.
☐	み	みる −해 보다.
☐	934円	きゅう·ひゃく·さん·じゅう·よ·えん 934엔.
☐	から	−부터.
☐	新	しん 신−. 새−.
☐	登場	とう·じょう 등장.
☐	俺	おれ (주로 남자들이 친한 사이나 아랫사람에게)나.
☐	も	−도; −나; −조차.
☐	はあ	네; 야. 어머.
☐	モバイル	もばいる 모바일(mobile).

제48과

大好(だいす)きな　人(ひと)が　死(し)んでしまう。

10年後(ねんご)の　今(いま)　翔(かける)は　この世(よ)に　いません。

未来(みらい)を　救(すく)いたい　その思(おも)いが　彼(かれ)らの　運命(うんめい)を　変(か)える。

一緒(いっしょ)に　生(い)きよう。

オレンジ　(大(だい)ヒット　上映中(じょうえいちゅう))。

새로운 단어

- ☐ 大好きな　大好きだ だい·す·き·だ 아주 좋아하다. 아주 좋다.
- ☐ 人　ひと 사람.
- ☐ が　－이/가.
- ☐ 死ん　死ぬ し·ぬ 죽다.
- ☐ で　て －고, －(하여)서; －해서.
- ☐ しまう　しまう －해 버리다.
- ☐ 10年　じゅう·ねん 10년.
- ☐ 後　ご －후. －뒤.
- ☐ の　－의. －의 것. －이(가).
- ☐ 今　いま 지금.
- ☐ 翔　かける 카케루.
- ☐ は　－은/는.
- ☐ この　이.
- ☐ 世　よ 세상. 누리.
- ☐ に　－에. －에게. －(이)가. －하러. －으로. －께서.
- ☐ い　いる 있다.
- ☐ ませ　ます －입니다, －합니다.

大好きな　人が　死んでしまう。

10年後の　今　翔は　この世に　いません。

未来を　救いたい　その思いが　彼らの　運命を　変える。

一緒に　生きよう。

オレンジ　(大ヒット　上映中)。

새로운 단어

- ☐ **ん** ぬ 부정(=ない): -지 않다. -지 아니하다.
- ☐ **未来** み·らい 미래.
- ☐ **を** -을. -를.
- ☐ **救い** 救う すく·う 구하다. 구언하다.
- ☐ **たい** たい -하고 싶다.
- ☐ **その** 그.
- ☐ **思い** おも·い 생각; 뜻.
- ☐ **彼ら** かれ·ら 그들.
- ☐ **運命** うん·めい 운명.
- ☐ **変える** 変える か·える 바꾸다.
- ☐ **一緒に** いっ·しょ·に 함께. 같이.
- ☐ **生き** 生きる い·きる 살다.
- ☐ **よう** よう 의지:-겠다; 권유:-하자; 추측:-ㄹ것이다, -겠지.
- ☐ **オレンジ** おれんじ 오렌지(Orange).
- ☐ **大** だい 대-.
- ☐ **ヒット** ひっと 히트(hit).
- ☐ **上映** じょう·えい 상영.
- ☐ **中** ちゅう -중.

제49과

何(なに)してるかしら？

何(なに)してるかしら？

オッケー。

何(なに) 笑(わら)ってんのよ？

何(なに) 笑(わら)ってんのよ？

何(なに) 笑(わら)ってんのよ？

なりきりカメラ 公開中(こうかいちゅう)。

새로운 단어

- □ 何 なに 무엇. 뭐.
- □ し する 하다.
- □ て -고, -(하여)서; -해서.
- □ る いる 있다.
- □ かしら -걸까. -할까. -인지 몰라.
- □ オッケー おっけー 오케이(O.K.).
- □ 笑っ 笑う わら·う 웃다.

何してるかしら？

何してるかしら？

オッケー。

何　笑ってんのよ？

何　笑ってんのよ？

何　笑ってんのよ？

なりきりカメラ　公開中。

새로운 단어

- ☐ **ん** いる 있다.
- ☐ **のよ** 거야.
- ☐ **なりきり** 변신.
- ☐ **カメラ** かめら 카메라(camera).
- ☐ **公開** こう·かい 공개.
- ☐ **中** ちゅう –중.

제50과

君（きみ）は　今（いま）　(医療（いりょう）に　スピードを)　一歩（いっぽ）　前（まえ）　ん。

前（まえ）。

あの夢（ゆめ）の　(街（まち）に　自給自足（じきゅうじそく）を)　一歩（いっぽ）　前（まえ）　ん。

手（て）を　伸（の）ばせば　(地下（ちか）に　耐震（たいしん）を)　届（とど）きそう　ん。

目（め）の　前（まえ）に　(電池（でんち）に　持久力（じきゅうりょく）を)　きっと。

世界（せかい）に　また　新（あたら）しい　世界（せかい）を。

積水化学（せきすいかがく）。

새로운 단어

- ☐ **君** きみ (남자끼리 같은 또래나 손아랫을 부를 때)너. 자네.
- ☐ **は** -은/는.
- ☐ **今** いま 지금.
- ☐ **医療** いりょう 의료.
- ☐ **に** -에. -에게. -(이)가. -하러. -으로. -께서.
- ☐ **スピード** すぴーど 스피드(speed).
- ☐ **を** -을. -를.
- ☐ **一歩** いっ·ぽ 한 걸음. 일보.
- ☐ **前** まえ 앞.
- ☐ **ん** 응.
- ☐ **あの** 저. 그.
- ☐ **夢** ゆめ 꿈.
- ☐ **の** -의. -의 것. -이(가).
- ☐ **街** まち 거리.
- ☐ **自給** じ·きゅう 자급.

君は　今　(医療に　スピードを)　一歩　前　ん。

前。

あの夢の　(街に　自給自足を)　一歩　前　ん。

手を　伸ばせば　(地下に　耐震を)　届きそう　ん。

目の　前に　(電池に　持久力を)　きっと。

世界に　また　新しい　世界を。

積水化学。

새로운 단어

- ☐ **自足** じ·そく 자족.
- ☐ **手** て 손.
- ☐ **伸ばせ** 伸ばす の·ばす 뻗다.
- ☐ **ば** (가정)−면.
- ☐ **地下** ち·か 지하.
- ☐ **耐震** たい·しん 내진.
- ☐ **届き** 届く とど·く 닿다. 미치다.
- ☐ **そう** そうだ −할 것 같다.
- ☐ **目** め 눈.
- ☐ **電池** でん·ち 전지.
- ☐ **持久力** じ·きゅう·りょく 지구력.
- ☐ **きっと** 반드시. 꼭.
- ☐ **世界** せ·かい 세계.
- ☐ **また** 또. 또한.
- ☐ **新しい** 新しい あたら·しい 새롭다.
- ☐ **積水化学** せき·すい·か·がく 세키스이화학.

〈문 법 정 리 편 7〉

제7장(제1과–제50과)

7.1

접속사(接続詞 せつぞくし)

- 접속사는 단어와 단어, 어절과 어절, 또는 문장과 문장을 연결해주는 역할을 하는 단어이다.
  1) 활용을 하지 않는다.
  2) 자립어로 단독으로 접속어가 되며, 주어, 술어, 수식어가 될 수 없다.

2	じゃ　ソーナルじょう。	じゃ
2	ええ　じゃ　元々　格好いいってこと?	じゃ
6	じゃ　買えば。	じゃ
8	だから　なしおは　ストレスなしを。	だから
12	だから　ドラえもんじゃないって言ってるんでしょう。	だから
15	でも、ふと　考えてしまう。	でも
19	じゃ　7人の華麗な舞い。	じゃ
19	そして　高く　ジャンプして。	そして
20	だから　瞳に　クリアすぎる　透明感。	だから
27	そして　山田は　自由に　早退できるように　なった	そして
34	だから　エコリカ　絶対　もらえる。	だから
38	ただ　この惑星の　愛は　失いかけて　初めて　気づく。	ただ

7.2 접속조사(接続助詞 せつぞくじょし)

- 활용하는 말 뒤에 붙어서 접속사와 같이 앞의 말이나 어절을 뒤의 말이나 어절에 접속시키는 역할을 하는 조사를 말한다.

1	皆さん　卒業しても　これだけは　忘れないで下さい。	ても
2	飲めばそうなるんだ。	ば
2	のびたさん、　また　こんなの　飲んで。	で
2	NOAHが　格好良くなったんで　つい。	んで
2	そんなこと　言ってないけど。	て
2	そんなこと　言ってないけど。	けど
3	何してるの？	て
3	鬼寒いんで　　お汁粉っすよ。	んで
3	これ　お餅　入ってない。	て
4	いろいろ　試したけど　エステが　一番。	けど
5	もう　ちょっとだったのに。	のに
6	じゃ　買えば。	ば
7	それが　日経電子版　始めてから　ガ～って。	て
7	お前ら　今　始めないと　いつ　始めるんだ。	と
8	ナシのままで、生きてゆく。	て
9	まだ　言ってるの？	て
9	馬鹿にしてるだろう。	て
11	グルメの玉子　きよらで　作った　お布団を 私にかけてください。	て
12	軽自動車　探しているんだけど、見つからなくて 出してよ　ドラえもん。	て

12	軽自動車　探しているんだけど、見つからなくて 出してよ　ドラえもん。	けど
12	軽自動車　探しているんだけど、見つからなくて 出してよ　ドラえもん。	て
12	ドラえもんじゃないから。	から
12	あれ　何で　コンパニオンの格好しているの　ドラえもん。	て
12	だから　ドラえもんじゃないって言ってるんでしょう。	て
12	ああ、出してくれたんだ　ドラえもん。	て
12	軽じゃないけど　トヨタのK。	けど
13	鉄分　足りてる？。	て
15	当たり前の　幸せを　犠牲にして。	て
15	でも、ふと　考えてしまう。	て
16	いいから食べてみろって。	から
17	軽く　背負えて　ずっと　丈夫　ててんてん　天使の羽。	て
18	わ～　盛り上がっていますね。	て
18	僻んでいるんですか。	で
19	そして　高く　ジャンプして。	て
21	バイトの　応募先の　人から　かけてもらった　電話 取れなかったらと　思うと　ぞっとします。	て
21	バイトの　応募先の　人から　かけてもらった　電話 取れなかったらと　思うと　ぞっとします。	と
21	電車に　乗って。	て
22	ね？　ツー　知ってる？	て
22	知ってる。	て
23	買ってきたわよ。	て
23	何があっても前へ。	ても

26 きいてる　きいてる　私に　きいてる。　て

26 きいてる　きいてる　あなたに　きいてる。　て

28 噂に　なっても　いいよ。　ても

30 あ、爪　割れてる。　て

31 私たちが　作り替えた　サーフェス　プロ4で　あなたは
何を　作り替えていくんだろう。　て

31 (これさえあれば、何も要らない。)　ば

32 日本の冬は寒いですから　うがい　手洗い　ロッテの喉飴を。から

33 選べる　お掃除　サービス　まとめて　お得。　て

34 お嬢ちゃんの　使用済みの　カートリッジ　おじいさんは
立派な　エコリカに　するからね。　から

35 モーター　買ってきてくれるかなって　メールして　て

35 モーター　買ってきてくれるかなって　メールして　て

36 マスカラ　つけて　マツイクしよう。　て

38 ただ　この惑星の　愛は　失いかけて　初めて　気づく。　て

41 Give me a chance 最後に かけてみたいんだ。　て

41 Once more chance　僕は　確かめてみたいんだ。　て

41 チャンスは ここに (目を 閉じれば。)
AGAスキンクリニック。　ば

43 (地元に戻ってもガンバ!!)　ても

45 パパも　ママも　グラブってるの?　て

46 振り向けば　君が　いる。　ば

46 前向けば　友が　いる。　ば

46 走って　転んで　寝そべって。　て

46 走って　転んで　寝そべって。　で

46 走って　転んで　寝そべって。　て

46	新しい　明日が　待ってる。	て
46	悩んでは　忘れて　忘れては　悩んで。	て
46	悩んでは　忘れて　忘れては　悩んで。	で
47	探してみます。	て
48	大好きな　人が　死んでしまう。	で
49	何してるかしら？	て
49	何　笑ってんのよ？	て
50	手を　伸ばせば　(地下に　耐震を)　届きそう　ん。	ば

7.3 접두사(接頭辞 せっとうじ·接頭語 せっとうご:접두어)

• 접두사는 단독으로 사용되지 못 하고 항상 다른 말의 앞에 붙어서 의미를 첨가해준다. 「お·ご·超·急·ま/まっ/まん·こ·す」 등이 있다.

2	超格好いい。	超
2	AERO　超AERO	超
3	鬼寒いんで　　お汁粉っすよ。	鬼
3	鬼寒いんで　　お汁粉っすよ。	お
3	やぁ、鬼あまっす。	鬼
3	鬼甘い　汁粉　もらえます。	鬼
3	これ　お餅　入ってない。	お
5	お届け物です。	お
9	ソフトバンクのお店で　もらったの。	お
9	お店で　新春グッズ　当る！	お
11	一生のお願いです。	お
11	グルメの玉子　きよらで　作った　お布団を	

私にかけてください。 お

12 軽自動車　探しているんだけど、見つからなくて

出してよ　ドラえもん。 軽

18 あまりの　安さに　生徒たちが　大興奮です。 大

19 セブンナイツのムーンアタック　お見事！ お

19 ド派手に　技を　決めまくれ！ ド

23 お帰り。 お

27 売り上げ　達成できたのは　山田君の　お陰だ。 お

31 サーフェス　プロ4(Surface Pro4)　新登場。 新

33 プロの技で　お家　ピカピカ、　お陰で　家族は　のびのび。お

33 プロの技で　お家　ピカピカ、　お陰で　家族は　のびのび。お

33 選べる　お掃除　サービス　まとめて　お得。 お

33 選べる　お掃除　サービス　まとめて　お得。 お

34 偉いね、お嬢ちゃん。 お

34 お嬢ちゃんの　使用済みの　カートリッジ　おじいさんは

立派な　エコリカに　するからね。 お

35 娘の　お迎えって　リマインドして お

36 新発想の　マツイクガールズラッシュ　誕生。 新

37 どん兵衛で　良い　お年を お

44 よ、名探偵。 名

47 月々　お弁当なみの　値段で　使える　携帯は

いかがですか？ お

47 お弁当　一つ。 お

47 月々　938円からの　携帯　新登場。 新

48 オレンジ　(大ヒット　上映中)。 大

7.4 접미사(接尾辞 せつびじ·接尾語 せつびご:접미어)

• 접미사는 단독으로 사용되지 못 하고 항상 다른 말의 뒤에 붙어서 의미를 첨가해주며, 앞의 말의 문법적 기능을 바꾸는 경우도 있다.「さん·み·さ·らしい·さま·っぽい·にくい·たち·ぶり·め·がち·おき·じゅう」등이 있다.

2	のびたさん、　また　こんなの　飲んで。	さん
2	のびたさんは　そのままで　いいの。	さん
5	三日ぶりに　出る、出る、出る。	ぶり
7	お前ら　今　始めないと　いつ　始めるんだ。	ら
7	初割　実施中　NIKKEI(日経)電子版。	中
7	あ、電子版ちゃん。	ちゃん
18	あまりの　安さに　生徒たちが　大興奮です。	たち
25	誰かさんみたいに　なりたいとか　もう　言わないよ。	さん
27	売り上げ　達成できたのは　山田君の　お陰だ。	君
27	３０年目のドラクエ　ドラゴンクエストヒーローズII (Dragon quest Heroes II)	目
29	抱っこや　おんぶで　肩こりの　ひどい　ママさんに	さん
34	お嬢ちゃんの　使用済みの　カートリッジ　おじいさんは 立派な　エコリカに　するからね。	済み
47	月々　お弁当なみの　値段で　使える　携帯は いかがですか？	なみ
48	10年後の　今　翔は　この世に　いません。	後
48	オレンジ　(大ヒット　上映中)。	中
49	なりきりカメラ　公開中。	中

7.5 연어(連語 れんご)

- 연어는 둘 이상의 단어가 연결되어서 한 단어와 비슷한 기능을 하는 말로, 둘 이상의 단어가 연결되어서 한 단어와 똑같은 기능을 하는 복합어와는 다르다.

1 皆さん　卒業しても　これだけは　忘れないで下さい。
ないで(ない＋で)

5 便秘には　ピンクの小粒　コーラック。　には(に＋は)

10 琴奨菊じゃなかったのか？　じゃない(じゃ⇒では⇒で＋は＋ない)

10 琴奨菊じゃなかったのか？　のか(の＋か)

12 はぐれちゃったな。　ちゃっ(て＋しまう⇒ちゃう)

12 ドラえもんじゃないから。　じゃない(じゃ⇒では⇒で＋は＋ない)

12 だから　ドラえもんじゃないって言ってるんでしょう。
じゃない(じゃ⇒では⇒で＋は＋ない)

12 軽じゃないけど　トヨタのK。　じゃない(じゃ⇒では⇒で＋は＋ない)

12 ドラえもんじゃない？　じゃない(じゃ⇒では⇒で＋は＋ない)

12 軽じゃない　K　PASSO。　じゃない(じゃ⇒では⇒で＋は＋ない)

14 こりゃ　勝手に　トレール　飲むな。　こりゃ(これ＋は)

14 飲まないで。　ないで(ない＋で)

15 本当に　これでよかったのか。　のか(の＋か)

22 ツーが良いのよ。　のよ(の＋よ)

22 ひどい、　たかし！　全然　ツーじゃない。
じゃない(じゃ⇒では⇒で＋は＋ない)

23 買ってきたわよ。　わよ(わ＋よ)

25 誰かさんみたいに　なりたいとか　もう　言わないよ。　誰か(誰＋か)

27 売り上げ　達成できたのは　山田君の　お陰だ。　のは(の＋は)

31　何かを　成し遂げるには　常識を　打ち破らなければならない。

何か(何＋か)

31　何かを　成し遂げるには　常識を　打ち破らなければならない。

には(に＋は)

31　何かを　成し遂げるには　常識を　打ち破らなければならない。

なければならない(なければ＋なら＋ない)

34　おじいさん　変じゃないよ。　じゃない(じゃ⇒では⇒で＋は＋ない)

37　怖がっちゃったじゃないですか。　ちゃっ(て＋しまう⇒ちゃう)

37　怖がっちゃったじゃないですか。　じゃない(じゃ⇒では⇒で＋は＋ない)

38　この惑星には　様々な　形の愛が　ある。　には(に＋は)

38　ああいう不細工なのが　売れ残ちゃうんだよ。

ちゃう(て＋しまう⇒ちゃう)

38　売れちゃったよ、あの不細工な　やつ。　ちゃっ(て＋しまう⇒ちゃう)

39　脱臭炭は　下駄箱にも　要るよ。　にも(に＋も)

40　すいません。　すいません(すい＋ませ＋ん)

43　ていうか。　ていうか(て＋いう＋か)

43　水臭いよな。　よな(よ＋な)

46　特別じゃない。　じゃない(じゃ⇒では⇒で＋は＋ない)

46　英雄じゃない。　じゃない(じゃ⇒では⇒で＋は＋ない)

46　みんなの　上には　空が　ある　には(に＋は)

46　たまに　晴れたら　丸儲け。　たまに(たま＋に)

46　悩んでは　忘れて　忘れては　悩んで。　では(で＋は)

46　悩んでは　忘れて　忘れては　悩んで。　ては(て＋は)

49　何　笑ってんのよ？　のよ(の＋よ)

49　何　笑ってんのよ？　のよ(の＋よ)

49　何　笑ってんのよ？　のよ(の＋よ)

7.6 조사 って

- 조사「って」는 격조사(…と…という), 계조사(係助詞 かかりじょし·けいじょし:…というのは·と言われても), 종조사(…ということだ…そうだ)로 쓰인다.

2 ええ じゃ 元々 格好いいってこと？ (격조사:…という)
9 今年も 良いこと ありますようにって。 (종조사:…ということだ)
12 だから ドラえもんじゃないって言ってるんでしょう。 (격조사:…と)
16 いいから食べてみろって。 (종조사:…ということだ)
22 ツーって 何なんだよ？ (계조사:…というのは)
28 ねぇ、愛って 何だと 思う？ (계조사:…というのは)
35 鍋 究極の ちゃんこ鍋って メモして。 (격조사:…と)
35 明日 遊ぼうって メールして。 (격조사:…と)
35 食い逃げの 小説って メモして。 (격조사:…と)
35 モーター 買ってきてくれるかなって メールして (격조사:…と)
35 娘の お迎えって リマインドして (격조사:…と)
45 ねえ、ママ グラブルって 何？ (계조사:…というのは)
45 パパが ママに 聞けって。 (종조사:…ということだ)

7.7 형식명사(形式名詞 けいしきめいし)

- 형식명사는 그 단어가 명사로서 나타내는 실질적인 의미 즉 본래의 뜻을 잃고, 항상 연체수식어(連体修飾語) 뒤에 형식적으로 사용되는 명사이다. 보조동사나 보조 형용사와 같이 한자로 쓰지 않고 보통 かな로 표기한다.「こと·わけ·はず·もの·の·ところ·つもり·とおり·ため·まま·ほう·うち」등이 있다.

2	AERO NOAH　格好いいな～。	の
2	飲めばそうなるんだ。	ん
2	のびたさん、　また　こんなの　飲んで。	の
2	ええ　じゃ　元々　格好いいってこと？	こと
2	そんなこと　言ってないけど。	こと
7	お前ら　今　始めないと　いつ　始めるんだ。	ん
8	何にもなしで　良いんです。	ん
8	ナシのままで、生きてゆく。	まま
9	今年も　良いこと　ありますようにって。	こと
10	飼えないよ、こんなデカイの	の
12	軽自動車　探しているんだけど、見つからなくて　出してよ ドラえもん。	ん
12	だから　ドラえもんじゃないって言ってるんでしょう。	ん
12	ああ、出してくれたんだ　ドラえもん。	ん
13	サプリなのさ　グミサプリ　グミのサプリ　グミサプリ、	の
13	本気なのさ　グミサプリ　続けるひとの　グミサプリ。	の
18	僻んでいるんですか。	ん
22	良いんだよ　ツー。	ん
22	良いんだよ。	ん
22	ツーって　何なんだよ？	こと
27	てことは、給料も？	こと
31	私たちが　作り替えた　サーフェス　プロ4で　あなたは 何を　作り替えていくんだろう。	ん
35	個人事務所　マージンで　下衆なことしか　検索しない。	こと
38	ああいう不細工なのが　売れ残ちゃうんだよ。	の
38	ああいう不細工なのが　売れ残ちゃうんだよ。	ん

41	Give me a chance 最後に かけてみたいんだ。	ん
41	Once more chance 僕は 確かめてみたいんだ。	ん
45	そういう ことは パパに 聞きなさい。	こと

7.8 피동(受け身)·가능(可能)·존경(尊敬)·자발(自発)의 조동사 れる·られる 「~되다/~당하다/~지다·~할 수 있다·~하시다·(저절로)~하다/~되다」

- れる는 5단동사와 する(される)의 미연형에 접속
- られる는 상1단동사, 하1단동사와 来る(こられる)의 미연형에 접속
- **れ**ない/**れ**よう·**れ**ます·**れる**·**れる**·**れれ**ば·**れ**ろ/**れ**よ
- **られ**ない/**られ**よう·**られ**ます·**られる**·**られる**·**られれ**ば·**られ**ろ/**られ**よ

10	声が変わられました？	(피동)
44	蝦が やられた。	(피동)

他人に笑われる。	(피동)
観客から声援をかけられる。	(피동)
登られるところまで登ろう。	(가능)
これくらいの数なら覚えられる。	(가능)
先生が話される。	(존경)
お客様が来られる。	(존경)
故郷がしのばれる。	(자발)
母のことが案じられる。	(자발)

7.9 추측(推量)·의지(意志)의 조동사 う·よう「~하겠지/하겠다·~하자」

- う는 5단동사·형용사·형용동사의 미연형, 조동사 た·ない·たい·そうだ·ようだ·だ·です·ます의 미연형에 접속
- よう는 상1단동사·하1단동사·来る(こよう)·する(しよう)의 미연형, 조동사 せる·させる·れる·られる의 미연형에 접속
- ○·○·う/よう·う/よう(こと·はず)·○·○
- 연체형에는 こと·はず와 같이 한정된 말에만 쓰인다.

う

9　馬鹿にしてるだろう。

12　だから　ドラえもんじゃないって言ってるんでしょう。

12　ドラえもんでしょう？

14　分かりやすいでしょう。

16　だろう。

26　私に　果物　上げましょう。

31　私たちが　作り替えた　サーフェス　プロ４で　あなたは
何を　作り替えていくんだろう。

35　明日　遊ぼうって　メールして。

38　帰ろう。

44　食べたでしょう。

44　食べたでしょう。

よう

36　マスカラ　つけて　マツイクしよう。

48　一緒に　生きよう。

10 부정의 추량(打消しの推量)·부정의 의지(打消しの意志)의 조동사 まい「~지 않겠지(~ないだろう)/지 않겠다(~ないつもりだ)·~지 말자(~ないようにしよう)」

- 5단동사와 조동사 ます의 종지형, 상1단동사·하1단동사·来る(こまい. 단 くるまい로도)·する(しまい. 단 するまい로도)·조동사 せる·させる·れる·られる의 미연형에 접속.
- ○·○·まい·まい(こと)·○·○
- 부정의 추측을 나타낼 때에는 まい보다 ~ないだろう를 주로 사용한다.
- 부정의 의지를 나타낼 때에는 まい보다 ~するのはやめよう·~するのはよそう를 주로 사용한다.

彼女はもう来るまい。	(부정의 추측)
彼に同情の余地はあるまい。	(부정의 추측)
父は悲しむまい。	(부정의 추측)
雪は降るまい。	(부정의 추측)
僕は会議に出席しまい。	(부정의 의지)
誰にも聞かせまいと決心した。	(부정의 의지)
僕は絶対に泣くまい。	(부정의 의지)
もう悪さはするまいと決心した。	(부정의 의지)

11 격조사 より「~보다」

- 격조사 より는 비교의 기준·한정(뒤에 부정표현이 옴)·출발점·시간의 기점·한계 등을 나타낸다.

より...............1

40　いつもの　冬より　暖かく。

佐藤さんは鈴木さんより年上です。(비교의 기준)

白線より中に入らないでください。(출발점)

これより会議を始めます。(시간의 기점)

12 감동사

• 감동사는 감동(기쁨·분노·슬픔·즐거움·놀라움·공포 등)이나 응답·부름·인사 등을 나타내는 말이다. ☞ 3.5. 참고

2	へい、　彼女　ドライブ　行かない？	へい
2	ええ　じゃ　元々　格好いいってこと？	ええ
3	あれ？　鬼ちゃん。	あれ
3	あけおめっす。	あけおめ
3	やぁ、鬼あまっす。	やぁ
3	いいいぇ～。	いいいぇ～
7	いや。	いや
7	あ、電子版ちゃん。	あ
7	ああ。	ああ
9	はい、これ。	はい
9	うん、セーラームーン。	うん
9	お、あれ　セーラームーンの店で　もらったぞ。	お
9	いや、セーラームーンの。	いや
9	いや、セーラームーンの。	いや

9	はい、はい、セーラームーンね？	はい
9	はい、はい、セーラームーンね？	はい
10	おめでとうございます。	おめでとうございます
10	サンキューです。	サンキュー
10	ピクピクピク。	ピクピクピク
10	ピクピクピクピク　ウップス。	ピクピクピクピク
10	ピクピクピクピク　ウップス。	ウップス
12	あ、いた。	あ
12	あれ　何で　コンパニオンの格好しているの　ドラえもん。	あれ
12	ああ、出してくれたんだ　ドラえもん。	ああ
12	あ　ドラえもんだよ。	あ
17	ランランラン　ランドセルは　ててんてん　天使の羽 wish wish、	ランランラン
17	ランランラン　ランドセルは　ててんてん　天使の羽 wish wish、	ててんてん
17	軽く　背負えて　ずっと　丈夫　ててんてん　天使の羽。	ててんてん
17	ててんてん　天使の羽。	ててんてん
18	わ～　盛り上がっていますね。	わ
18	ワン　キュッ　パ、　イエイ、　ワン　キュッ　パ、 イイエイ、　ワン　キュッ　パ、　イイエイ。	イエイ
18	ワン　キュッ　パ、　イエイ、　ワン　キュッ　パ、 イイエイ、　ワン　キュッ　パ、　イイエイ。	イイエイ
18	ワン　キュッ　パ、　イエイ、　ワン　キュッ　パ、 イイエイ、　ワン　キュッ　パ、　イイエイ。	イイエイ
22	ね？　ツー　知ってる？	ね
22	ほいほい。	ほいほい

23	はい　十本パック。	はい
23	うわっ　家が！	うわっ
23	え、　これ　ハンドル？	え
26	イェイ。	イェイ
27	え？	え
27	おめでとう。	おめでとう
27	てれれれててて。	てれれれててて
27	てれれれてててん。	てれれれてててん
28	ねぇ、愛って　何だと　思う？	ねぇ
29	あはあん　肩こる。	あはあん
29	うう～、凄い。	うう
29	バババババン。	バババババン
30	あ、爪　割れてる。	あ
37	あの、あの。	あの
37	あの、あの。	あの
37	ねぇ、ねぇ、うどんと　そば　どっちが　好き？(おなか)	ねぇ
37	ねぇ、ねぇ、うどんと　そば　どっちが　好き？(おなか)	ねぇ
38	さようなら。	さようなら
39	はい、脱臭炭。	はい
43	はい、俺らから。	はい
43	(地元に戻ってもガンバ!!)	ガンバ
45	ねえ、ママ　グラブルって　何？	ねえ
45	さあ　グラブル。	さあ
47	はあ。	はあ
50	君は　今　(医療に　スピードを)　一歩　前　ん。	ん
50	あの夢の　(街に　自給自足を)　一歩　前　ん。	ん

50 手を　伸ばせば　(地下に　耐震を)　届きそう　ん。　ん

13 부사(副詞 ふくし)

- 부사는 뒤에 오는 용언을 수식하고 문장의 뜻을 자세하게 설명한다.
  1) 활용하지 않는다.
  2) 자립어로 주로 용언을 수식한다.
  3) 때로 용언 이외에 명사나 부사를 수식하기도 한다.

1	(まだ、ここにない、出会い。)	まだ
2	飲めばそうなるんだ。	そう
2	のびたさん、　また　こんなの　飲んで。	また
2	NOAHが　格好良くなったんで　つい。	つい
2	ええ　じゃ　元々　格好いいってこと？	元々
4	いろいろ　試したけど　エステが　一番。	いろいろ
5	もう　ちょっとだったのに。	もう
5	もう　ちょっとだったのに。	ちょっと
6	もしも　私が　車を　持てたら、海まで　ドライブ　行けた。	もしも
7	お前ら　今　始めないと　いつ　始めるんだ。	いつ
8	何にもなしで　良いんです。	何にも
9	まだ　言ってるの？	まだ
12	あれ　何で　コンパニオンの格好しているの　ドラえもん。	何で
15	また　一つ　財宝を　手に入れた、	また
15	でも、ふと　考えてしまう。	ふと
15	本当に　これでよかったのか。	本当に

16	(カップ麺の　概念　ひっくり返る)次々　引っくり返る マルチャン　正麺カップ。	次々
17	軽く　背負えて　ずっと　丈夫　ててんてん　天使の羽。	ずっと
20	その瞳　やっぱり　ピュアすぎる。	やっぱり
20	どう？　馴染みました。　ロート。	どう
21	バイトの　応募先の　人から　かけてもらった　電話 取れなかったらと　思うと　ぞっとします。	ぞっと
22	ひどい、　たかし！　全然　ツーじゃない。	全然
25	誰かさんみたいに　なりたいとか　もう　言わないよ。	もう
27	どうも。	どうも
30	その衝動に　ポチッと　ネット予約。	ポチッと
31	進化した　ペンで　かつて　ない　作品を。	かつて
32	とにかく　うがい　(手洗い)。	とにかく
32	すっきり。	すっきり
33	丸ごと　イオンに　任せよう。	丸ごと
33	プロの技で　お家　ピカピカ、　お陰で　家族は　のびのび。	ピカピカ
33	プロの技で　お家　ピカピカ、　お陰で　家族は　のびのび。	のびのび
38	ただ　この惑星の　愛は　失いかけて　初めて　気づく。	初めて
40	ちょっと　おじさん　退いてよ。	ちょっと
42	進撃の巨人が　ついに　Real 4D(リアル　フォーディー)へ。	ついに
44	ぐっと　美味しそうだ。	ぐっと
44	そうか　蓋を　開ける　前　カップヌードルは　密室だった。	そう
44	つまり　メンは　この中に　いる　間違いない。	つまり
47	月々　お弁当なみの　値段で　使える　携帯は いかがですか？	いかが
48	一緒に　生きよう。	一緒に

50	目の　前に　(電池に　持久力を)　きっと。	きっと
50	世界に　また　新しい　世界を。	また

14 외래어(外来語 がいらいご)

• 영어에서 온 외래어

アパート	apartment building	エレベーター	elevator
カップ	cup	カメラ	camera
カレー	curry	カレンダー	calendar
ギター	guitar	クラス	class
グラス	glass/grass	コート	overcoat
コピー(する)	copy	シャツ	shirt
シャワー	shower	スカート	skirt
ストーブ	stove	スプーン spoon	
スポーツ	sports	スリッパ	slipper
セーター	sweater	ゼロ	zero
タクシー	taxi	テープ	tape
テーブル	table	テープレコーダー	tape recorder
テスト	test	デパート	department store
テレビ	television	ドア	door
トイレ	toilet	ナイフ	knife
ニュース	news	ネクタイ	necktie
ノート	note	パーティー	party
バス	bus	バター	butter
ハンカチ	handkerchief	フィルム	film

プール	pool	フォーク	fork
ページ	page	ベッド	bed
ペット	pet	ペン	pen
ボールペン	ball pen	ポケット	pocket
ホテル	hotel	マッチ	match
ラジオ	radio	ラジカセ	radio cassette recorder
レコード	record	レストラン	restaurant
ワイシャツ	white shirt		

• 네덜란드어에서 온 외래어

コーヒー	koffie	コップ	kop

• 프랑스어에서 온 외래어

キロ(グラム)	kilogramme	キロ(メートル)	kilomètre
ズボン	jupon	メートル	mètre

• 포르투갈어에서 온 외래어

パン	pão

• 포르투갈어와 영어에서 온 외래어

ボタン	botão/button

저자 약력

김 대 성

〈약력〉
중앙대학교 일어학과 졸업(1986)
중앙대학교 영어학과 졸업(1987)
중앙대학교 대학원 일어일문학과 석사(1988)
중앙대학교 대학원 일어일문학과 박사과정
일본정부 문부과학성 초청 국비유학생으로 도일(1995)
일본 후쿠오카대학 대학원 일본어일본문학 문학박사(2000)
(현) 전남대학교 일어일문학과 교수

〈저서〉
韓日資料による中古漢音韻母音の再構(제이앤씨)
고대 일본어의 음운에 대하여(역서, 제이앤씨)
실용일본어와 문법(공저: 제이앤씨)
일본어고대어연구(제이앤씨)
일본어청취연습(제이앤씨)
일본어독해(제이앤씨) 외

〈논문〉
상대 일본어의 모음체계 연구
山上憶良의 音借表記字 연구
止摂 諸韻의 中古音 再構 -한일중 및 베트남· 티베트 자료를 중심으로-
万葉仮名와 한국 한자음 -微韻의 반영음 /웨/-
「へ(舳)」と「비(船)」の関連性について(공동연구) 외 다수

〈개정판〉 **일본어 실용 문법**

초판인쇄 2023년 08월 23일
초판발행 2023년 08월 30일

저　　자 김 대 성
발 행 인 윤 석 현
발 행 처 제이앤씨
책임편집 최 인 노
등록번호 제7-220호

우편주소 서울시 도봉구 우이천로 353 성주빌딩
대표전화 02) 992 / 3253
전　　송 02) 991 / 1285
홈페이지 http://jncbms.co.kr
전자우편 jncbook@hanmail.net

ISBN 979-11-5917-236-6　　13730　　정가 14,000원